노래를 향한 열정으로
세계 최고가 되다!

꿈꾸는 프리마돈나
조수미

노래를 향한 열정으로
세계 최고가 되다!

꿈꾸는 프리마돈나

조수미

조수미 지음
김경우 엮음 • 박지영 그림

창해

머리말

노래의 날개를 달고 꿈을 향해 날아오르자

어린이 여러분은 무엇을 할 때 가장 신나고 즐거운가요? 여러분은 어떤 꿈을 꾸고 있나요? 저의 꿈과 도전에 대한 이야기『꿈꾸는 프리마돈나, 조수미』를 읽으며 여러분의 수많은 꿈들이 펼쳐지는 즐거운 상상을 해 봅니다.

한국에서 온 프리마돈나로 세계 곳곳의 무대에 서기까지 저도 여러분처럼 공부하고 연습하며 실력을 갈고 닦아야 했지요. 정상의 성악가로 인정받은 다음에는 다양한 사람들을 만나고 함께 큰 무대에 서면서 늘 새로운 음악 세계에 도전하느라 20여 년이라는 시간이 훌쩍 지나가버렸어요. 화려한 조명과 박수 속에 기쁜 날들도 있었고 외롭고 어려운 날들도 있었지만 노래를 포기하거나 멈춘 적은 없었죠. 노래를 통해 많은 사람들과 함께 행복해질 수 있었기 때문이랍니다.

　노래는 우리에게 위로가 되고, 힘든 일을 겪는 순간에도 격려가 되지요. 세상에는 다채로운 색깔의 수많은 아름다운 노래들이 있답니다. 저에게는 음악이 꿈이자 도전해야 하는 전문 분야였지만 여러분들에게는 각자의 가슴을 뛰게 만드는 갖가지 꿈과 목표들이 있을 거예요. 세상에서 가장 행복한 사람은 자신의 꿈을 향해 끊임없이 나아가는 사람들이라고 하지요. 두려워하지 말고 당당하게 자신의 꿈을 펼쳐 날아오르세요. 세계라는 무대에서 여러분의 열정과 노력들은 열매를 맺을 거예요.

　저의 응원가를 들으며 눈을 반짝일 여러분 모습을 그리면서……．

차례

♪♪♫
들어가는 글

세상에서 가장 맑고 고운 소리 ♬

"오늘 조수미 공연이 아주 특별하다면서?"

"그럼, 국제 무대 데뷔한 지 벌써 20년이 되잖아."

"난 오늘 공연을 위해 한 달 전부터 예매하고 기다렸어."

2006년 9월 27일. 오늘은 조수미의 공연이 있는 날입니다. 소프라노로 세계 무대에 선 지 벌써 20년. 오늘은 데뷔 20주년 기념 전국 순회공연의 마지막 날입니다. 공연을 시작하려면 아직 시간이 남았지만 벌써부터 많은 사람들이 모여 입장을 기다리고 있습니다.

엄마와 딸, 부부, 연인, 친구, 온 가족이 총출동한 경우도 있습니다. 그야말로 조수미와 음악을 사랑하는 사람들이 모두 모인 것입니다. 조수미가 이번엔 어떤 모습을 보여줄지, 사람들은 부푼 기대를 안고 공연장에 들어섰습니다. 어느새 공연장은 빈자리 하나 없이 꽉 찼습니다.

"어? 무대가 너무 간소한걸."

무대를 보고 실망하는 사람들도 있었습니다. 커다란 무대 위에 그랜드 피아노 한 대만 덩그러니 놓여 있었기 때문입니다.

"혼자 하는 리사이틀이라 오케스트라는 필요 없어요."

"그렇군."

아무래도 사람들은 오페라와 같은 화려한 공연을 기대했나 봅니다.

이윽고 〈박쥐 서곡〉이 시작되었습니다. 화려한 분홍색 드레스를 입은 조수미가 무대에 등장했습니다. 모두들 숨죽이고 무대를 바라보았습니다.

낭랑한 소프라노 노랫소리가 무대에 울려 퍼졌습니다. 조수미의 목소리는 맑고 아름다웠습니다. 세상에 하나밖에 없는, 신비로운 천상의 악기를 연주하는 것 같았습니다. 참 듣기 좋은 목소리입니다.

"영혼의 소리가 아니고서야 어떻게 저렇게 아름다울 수 있을까 ……."

델라구아의 〈전원시〉, 구노의 〈세레나데〉, 비발디의 〈아리아〉가 이어지자 여기저기서 감동에 젖은 박수 소리가 터져 나왔습니다.

　오늘 공연에서는 조수미의 깊고 아름다운 목소리를, 다른 악기 연주나 현란한 무대 장식에 방해받지 않고 피아노 반주로만 마음껏 감상할 수 있었습니다.

　"앙코르!"

　"브라보!"

　베르디의 오페라 《라트라비아타》 중 아리아 〈언제나 자유롭게〉가 끝나자 모두들 일제히 일어나 박수를 보냈습니다. 천둥소리와 같은 박수 소리가 공연장을 가득 메웠습니다.

　앙코르 곡으로 조수미는 헨델의 〈울게 하소서〉, 요한 슈트라우스의 〈아름답고 푸른 다뉴브 강〉, 오펜바흐의 오페라 《호프만 이야기》 중 〈인형의 노래〉를 연속으로 불렀습니다.

　특히 〈인형의 노래〉를 부를 때 조수미는 태엽이 멈춘 인형처럼 보였습니다. 갑자기 뒤로 넘어갈 듯하기도 하고, 앞으로 고개가 푹 꺾인 채 멈추기도 했습니다. 그때마다 피아니스트가 일어나서 조수미를 다시 움직이게 했습니다. 익살스럽고도 귀여운 모습에 관객들은 모두 즐거워했습니다.

　마지막으로 조수미가 우리 가곡 〈기다리는 마음〉을 부를 때 관객들의 가슴은 뭉클해졌습니다. 세계적인 성악가, 조수미가 바로 대한민국 사람이라는 것을 새삼 깨달았기 때문입니다.

"노래를 부르는 조수미의 모습은 정말 아름다워."

사람들은 고난도의 기교로 부르는 아리아뿐 아니라, 섬세하게 감정을 담아 부르는 조수미의 노래에 감동했습니다.

조수미는 국내뿐만 아니라 미국과 캐나다, 프랑스에서도 데뷔 20주년 기념 순회공연을 했습니다. 가는 곳마다 조수미는 커다란 박수와 환호 속에 공연을 마쳤습니다.

"개인적으로는 지난 20년을 돌아보는 기회를 갖고자 합니다. 틈틈이 저의 활동을 일기 형식으로 적어 놓고 있긴 합니다만, 올해는 전체적으로 한번 정리를 해 볼까 합니다. 그런 정리를 통해 좀 더 발전하고 싶습니다."

조수미가 데뷔 20주년 공연을 앞두고 한 말입니다.

돌아보면 지난 20년 동안 많은 일이 있었습니다. 때로는 노래 부르는 것을 그만두고 싶기도 했고, 때로는 세상을 다 얻은 듯 행복하기도 했습니다.

자신의 노래를 듣고 즐거워하고 행복해 하는 사람들을 볼 때면 음악을 할 수 있게 해 준 많은 사람들의 얼굴이 스쳐 지나갑니다. 특히 얼마 전 돌아가신 아버지의 얼굴이 떠오릅니다.

조수미는 피아노를 치며 노래하던 어린 시절이 생각났습니다.

피아노, 피아노, 피아노

음악이 좋아

"언니, 우리 수경(조수미의 원래 이름)이 지금 뭐 하는 거야?"

엄마가 이모 집 현관에 들어서자마자 가장 먼저 물어본 말입니다. 수경이는 혼자 웅얼거리며 조그만 어깨를 들썩이고 있었습니다. 직장에서 퇴근한 엄마는 갓 돌이 지난 수경이를 안아 주었습니다. 수경이는 엄마를 보자 까르르 웃었습니다.

"그러게…… 수경이가 하루 종일 혼자 웅얼거리며 놀지 뭐야. 아마 노래라도 부르나 봐. 호호호."

수경이는 1962년 11월 22일 서울 동대문구 보문동에서 태어났습니다. 엄마는 출근할 때 근처에 사는 언니 집에 수경이를 맡겼습니다. 그럴 때마다 수경이는 떨어지지 않으려고 숨넘어갈 듯 울었습니다. 그 소리가 어찌나 큰지 이웃집까지 들릴 정도였다고 합니다. 엄마는 수경이를 억지로 떼어 내고 출근하는 것이 미안하고 가슴 아팠습니다. 그렇다고 직장을 그만둘 수는 없었습니다. 수경이 아빠가 학생이어서 엄마는 돈을 벌어야 했기 때문입니다.

"엄마가 저녁 준비할 동안 이 음악 듣고 있어."

집으로 돌아온 엄마는 거실에서 피아노 곡을 틀었습니다. 음악을 들려줄 때면 수경이는 큰 눈을 깜박이며 유심히 듣곤 했습

니다. 간혹 음악에 맞춰 웅얼거리기도 했습니다.

"수경아, 이 사람 노래 멋지지 않니? 마리아 칼라스라는 소프
라노 가수야."

엄마는 수경이를 무릎에 앉히고 마리아 칼라스와 같은 유명한
프리마돈나의 노래를 들었습니다. 아직 말도 잘하지 못하는 수경
이였지만 음악을 열심히 듣는 것만 같았습니다.

엄마가 학교 다닐 때의 꿈은 유명한 성악가가 되는 것이었습
니다. 비록 성악가의 꿈을 이루지 못했지만, 엄마는 클래식 음악
을 여전히 사랑했습니다. 그래서 수경이를 임신했을 때도 하루
종일 유명한 오페라와 세계적인 오케스트라의 교향곡을 들었습
니다. 엄마는 좋은 음악을 들으면 태어날 아이도 분명 행복할 거
라고 생각했습니다. 그리고 그 아이가 세상을 행복하게 만들 거
라고 믿었습니다.

엄마와 함께 피아노를

"어머, 우리 수경이가 이제 연필을 잡기 시작했네."

엄마는 직장 생활을 하느라 바쁘면서도 수경이를 가르치는 데
열심이었습니다. 수경이가 연필을 잡고 낙서를 하기 시작하자
엄마는 수경이에게 기역, 니은을 가르치기 시작했습니다. 수경

이는 한글을 금방 익혔습니다. 네 살이 되자 길거리의 간판을 척 척 읽기 시작했습니다.

엄마는 수경이에게 어렸을 때부터 클래식 음악은 물론이고 많은 동요를 들려주었습니다. 동요의 밝고 재미있는 노랫말이 수경이의 감성을 키워 줄 거라고 생각했기 때문입니다. 그 덕분인지 수경이의 노래 솜씨는 남달랐습니다. 수경이는 무슨 노래든지 한 번 들으면 똑같이 따라하곤 했습니다. 주위 사람들이 모두 신기해 할 정도였습니다.

수경이가 유치원에 들어갈 무렵, 엄마는 다니던 직장을 그만 두었습니다. 수경이의 음악적 재능을 더 키워 주고 싶었기 때문입니다.

"수경아, 엄마랑 같이 피아노 배울까?"

"피아노?"

"수경이는 노래 부르는 것 좋아하지?"

"응. 노래 부르는 게 제일 재밌어."

"그래, 네가 좋아하는 노래를 더 잘하려면 피아노를 배워야 해."

엄마는 수경이를 피아노 학원에 보내기로 했습니다. 중고 피아노도 한 대 장만했습니다. 그리고 수경이가 너무 어려서 레슨을 해 줄 수 없다는 피아노 학원 선생님을 끈질기게 설득했습니다. 결국 수경이는 다섯 살이 되던 해부터 피아노를 배우기 시작했습니다.

사실 엄마가 수경이에게 피아노를 가르치려고 한 데에는 이유가 있습니다. 노래 부르기를 좋아하는 수경이가 새로운 노래를 부르기 위해서는 누군가가 불러 주거나 텔레비전이나 카세트를 통해 들어야 합니다. 한 번 듣고도 그대로 잘 따라하는 수경이지만 스스로 악보를 보고 반주를 하면서 노래한다면 더 좋을 거라고 생각했던 것입니다. 엄마는 수경이가 피아노에 쉽게 싫증 내지 않도록 함께 피아노를 배웠습니다.

수경이는 너무 신났습니다. 하얀색과 까만색 건반을 두드려서 아름다운 소리를 낼 수 있다는 것이 무척 신기하고 놀라웠습니다. 피아노의 매력에 푹 빠지고 만 것입니다.

"수경이는 집에서 피아노만 쳤나 보다. 다른 아이들보다 진도가 몇 배는 빠른걸."

피아노 학원 선생님은 수경이가 피아노에 재능이 있다는 것을 금방 알아차렸습니다. 다른 아이들이 몇 달 걸려 익히는 곡을 수경이는 며칠이면 익혔기 때문입니다.

수경이는 노래와 마찬가지로 한 번 들은 곡은 똑같이 외워 칠 수 있었습니다. 옆집 담 너머에서 들려오는 음악 소리도 금방 피아노로 옮겨 칠 수 있을 정도였습니다.

"어머니, 수경이 같은 아이는 처음이에요. 수경이는 피아노 천재예요."

선생님은 수경이가 피아노 신동인 것 같다고 했습니다.

"수경이가 노래보다 피아노에 재능이 더 있다는 말인가요?"

"노래도 잘하지만 아이들 목소리는 언제 변할지 모르거든요. 그런데 피아노는 꾸준히 발전할 수 있어요. 수경이는 아마도 세계적인 피아니스트가 될 거예요."

원래는 노래 연습에 도움이 되라고 피아노를 치게 한 것인데, 수경이는 피아노에도 재능을 보이기 시작한 것입니다. 엄마는 수경이가 노래보다 피아노에 더 많은 재능이 있는 것은 아닐까 생각했습니다.

오페라에 빠지다

"수경아, 엄마랑 오페라 보러 갈까?"

"오페라? 내가 좋아하는 가수도 나오는 거야?"

"그럼, 훌륭한 이디스트들이 많이 나오지."

수경이가 여섯 살 무렵이던 어느 날이었습니다. 엄마는 처음으로 수경이의 손을 잡고 이화여대 대강당으로 오페라 공연을 보러 갔습니다.

당시 이화여대 대강당으로 가기 위해서는 가파른 계단을 힘겹게 올라야 했습니다.

"수경아, 조금만 기다리면 아주 멋진 공연을 볼 수 있어."

엄마는 어린 수경이를 업고 힘들게 계단을 오르면서도 곧 있으면 환상적인 오페라 공연을 볼 수 있다는 설렘에 힘든 줄도 몰랐습니다.

"수경아, 매일 테이프로 듣던 노래를 직접 듣는 기분이 어때?"

"엄마, 너무 좋아. 그런데 자꾸 말 시키지 마세요."

수경이는 오페라 공연에 푹 빠졌습니다.

'그래, 수경이가 좋아할 줄 알았어.'

엄마는 무대에서 눈을 떼지 못하는 어린 수경이의 모습에 마음이 뿌듯했습니다.

"엄마, 오늘 가수들 진짜 노래 잘해요. 나도 그렇게 노래 부를 수 있으면 좋겠어!"

"그럼! 너는 그보다 더 훌륭하게 잘 부를 수 있어."

수경이는 엄마의 말에 해맑게 웃으며 자기도 모르게 오늘 들었던 노래를 흥얼거렸습니다.

집으로 돌아오는 내내 엄마와 수경이는 오늘 본 오페라 이야기로 시간 가는 줄 몰랐습니다.

"수경아, 너도 훌륭한 아티스트가 되어야 한다."

엄마는 오페라 가수를 늘 '아티스트'라고 불렀습니다. 아티스트란 예술가를 말합니다. 엄마는 이미 세계적인 가수가 된 조수미를 지금도 아티스트라고 부른답니다.

엄마는 수경이가 일찌감치 자신의 재능에 눈뜨기를 바랐습니다. 그래서 넉넉하지 않은 살림에도 좋은 공연이 있으면 수경이가 꼭 볼 수 있게 해 주었습니다. 세종문화회관 개관 기념으로 열린 이탈리아 파르마 오페라단 공연도 어렵게 표를 구해 관람을 했습니다. 그리고 이화여대 강당에서 열린 소프라노 안나 모포의 공연을 두 번이나 보기도 했습니다.

피아노 그만 치면 안 돼요?

"엄마, 나 이제 피아노 그만 치고 밖에 나가서 놀래."

"안 돼. 한 시간만 더 치고 나가 놀아."

엄마는 무척 엄격했습니다. 엄마는 수경이가 꼼짝없이 시간표대로 수업을 받게 했습니다.

"엄마, 나 좀 쉬고 싶어."

"그래요, 누님. 수경이는 재능도 있는데 조금씩 쉬어 가면서 해도 충분하잖아요."

수경이의 집에는 외삼촌이 잠깐 동안 함께 살고 있었습니다.

외삼촌은 늘 피아노 연습에 매달려 있는 수경이가 안쓰러웠습니다. 그래서 다른 아이들처럼 놀게 해 주려고 수경이 편을 들곤 했지만 번번이 엄마에게 혼나고 말았습니다.

"모르는 소리하지 마. 재능이 아무리 많아도 노력하지 않으면 아무 소용없어. 어릴 때부터 노력하는 습관을 들여야 해."

엄마는 급하게 볼일이 있을 때면, 수경이가 눈치채지 못하게 몰래 방을 나간 뒤 밖에서 문을 잠그기까지 했습니다. 그만큼 수경이에게 피아노를 가르치려는 엄마의 열성은 대단했습니다.

하지만 수경이에게는 피아노 말고도 하고 싶은 일이 참 많았습니다.

"난 수의사가 될 거야."

동물을 무척 좋아하는 수경이는 수의사가 되어 아픈 강아지들을 보살펴 주고 싶었습니다.

"난 발레리나가 될 거야. 그래서 아름다운 백조가 되고 싶어."

어떤 때는 틈날 때마다 발레 동작을 해 보이며 춤을 추곤 했습니다.

그래도 수경이는 언제나 피아노를 쳐야 했습니다. 그러다보니 처음엔 그저 신기하고 재미있었던 피아노도 조금씩 지겨워지기 시작했습니다. 초등학교에 입학하고부터 학교에서 돌아오면 쉬는 시간도 없이 피아노와 노래 연습을 해야 했기 때문입니다.

어느 날이었습니다.

"조수경! 너 여기서 뭐하니?"

"앗, 엄마."

놀이터에서 친구들과 술래잡기를 하고 있던 수경이는 깜짝 놀랐습니다.

"집으로 가자."

어느새 서쪽 하늘이 붉게 물들어 있었습니다. 학교 수업이 끝나면 바로 집으로 가야 하는데 너무 많이 놀았나 봅니다.

"조금만 놀다 가려고 했는데 그만……."

엄마는 아무 말도 하지 않았지만 수경이의 가슴은 콩닥거렸습니다.

수경이는 친구들을 남겨 두고 집으로 돌아왔습니다. 집까지 가는 내내 발걸음이 무거웠습니다. 놀이터에서 놀고 있는 친구들을 자꾸만 돌아보았습니다.

"엄마, 잘못했어요. 다음부터는 학교 끝나면 바로 올게요."

"오늘 일은 야단치지 않을게. 그 대신 잠자기 전에 오늘 못한 연습은 다 해야 한다."

"네? 그럼, 밤 열두 시가 넘을 텐데……."

수경이는 재빨리 숙제를 하고 피아노 앞에 앉았습니다. 놀이터에서 아직 놀고 있을 친구들이 부러웠습니다. 그날, 수경이는

밤 열두 시가 넘도록 피아노 앞에 앉아 있어야 했습니다.

　며칠이 지났습니다.

　"수경아, 놀이터에서 놀다 가자."

　학교 수업을 마치고 집에 가는 길에 친구들이 수경이에게 말했습니다. 수경이는 시무룩하게 대답했습니다.

　"아냐, 집에 가야 해."

　그러자 다른 친구가 놀리듯 말했습니다.

　"그래, 수경이는 빨리 집에 가서 피아노 연습을 해야 해. 우리랑 놀 시간이 없어."

　하지만 또 다른 친구가 수경이를 붙잡았습니다.

"넌 연습 안 해도 피아노 잘 치잖아. 놀다 가자. 응?"

"……. 미안해. 나 먼저 갈게. 내일 봐. 안녕."

수경이는 서러운 마음이 들었습니다. 뒤도 돌아보지 않고 집으로 달려갔습니다.

오늘따라 피아노 건반을 두드리는 손이 평소와 달랐습니다. 자꾸 다른 음의 건반을 눌렀습니다. 틀리지 않던 부분에서 계속 틀렸습니다. 밖에서 '수경아, 노올자!' 라고 친구들이 부르는 소리가 들리는 것 같았습니다.

"에이, 짜증나. 나 피아노 안 칠 거야."

수경이는 건반을 두드리던 손을 멈추었습니다. 갑자기 화가 났습니다. 피아노도 싫고 엄마도 미워졌습니다. 수경이는 마음을 진정시키려고 큰 숨을 몇 번이나 쉬었습니다.

그런데 집 안 분위기가 평소와 달랐습니다. 남동생들 장난치는 소리만 들려올 뿐 집이 너무 조용했습니다. 수경이의 피아노 소리가 들리지 않으면 어김없이 엄마의 불호령이 떨어지곤 했습니다. 그런데 이상하게도 아무 소리도 들리지 않았습니다.

수경이는 조용히 방문을 열어 보았습니다. 엄마는 보이지 않고 남동생들만 방에서 놀고 있었습니다.

"영준아, 엄마는?"

"엄마? 몰라. 아까 나가셨는데."

그 순간 수경이의 머릿속에 속삭이는 소리가 들렸습니다.

'엄마 안 계신대. 밖에서 놀다 와도 괜찮을 거야.'

'그래, 그 정도 연습했으면 쉬어도 돼.'

'이번 기회에 집을 확 나가버리는 건 어때? 그러면 엄마가 피아노를 더 이상 시키지 않을걸?'

수경이는 동생들을 불렀습니다.

"영준아, 영구야."

"왜?"

"지금부터 누나가 하는 말 잘 들어야 해."

두 동생은 무슨 일인지 몰라 수경이의 얼굴만 쳐다보았습니다.

"누나도 다른 애들처럼 놀고 싶어. 이렇게 매일 피아노만 치는 건 싫어. 그래서 집을 나가기로 했어. 엄마에겐 아주 멀리 갔다고 해. 알았지?"

일곱 살과 네 살인 동생들은 갑작스런 누나의 말에 그만 울음을 터뜨리고 말았습니다.

"가지 마, 누나. 내가 잘못했어."

동생들은 누나가 자기들이 미워서 집을 나간다고 생각한 모양이었습니다. 수경이는 울며 매달리는 두 동생을 떼어 놓고 집을 나섰습니다.

집 밖의 공기는 어느 때보다 맑고 상쾌했습니다. 절로 콧노래가 흘러나왔습니다. 먼저 동네 놀이터로 갔습니다. 그런데 오늘따라 그곳에서 늘 놀고 있던 친구들이 보이지 않았습니다.

'학교로 가자. 운동장에는 애들이 있을 거야.'

그런데 학교 운동장에도 친구들은 없었습니다. 시간이 늦어서 모두 집으로 돌아간 것입니다.

"이제 어디로 가지……."

수경이는 갑자기 갈 곳이 없어졌습니다. 주머니를 뒤져 보았지만 10원짜리 동전 하나도 없었습니다. 그렇다고 집에 돌아가기는 싫었습니다.

수경이는 친구들의 이름을 부르며 동네 골목골목을 돌아다녔습니다. 다리도 아프고 배도 고팠습니다. 날은 점점 어두워졌습니다. 캄캄한 골목이 이제는 무서워졌습니다. 결국 수경이는 집에 돌아가기로 했습니다.

'엄마가 아직 안 돌아오셨으면 좋겠는데.'

수경이는 살금살금 대문을 열고 들어섰습니다.

"수경아!"

뒤에서 엄마 목소리가 들렸습니다. 수경이는 '이제 죽었구나!' 생각하고 돌아섰습니다. 그런데 엄마는 다짜고짜로 수경이를 꼬옥 안았습니다. 오히려 수경이가 얼떨떨했습니다.

"엄마……."

"수경아, 피아노 연습하는 것 힘들지? 엄마도 다 알고 있어. 다른 아이들처럼 놀고 싶다는 것도. 하지만 지금 시기를 놓치면 엄마처럼 후회하게 될지도 몰라."

엄마는 수경이를 좀 더 꼬옥 안아 주었습니다. 엄마의 품은 따뜻했습니다.

"수경아, 너는 엄마처럼 보통 사람으로 살지 말고 많은 사람들에게 사랑받는 음악가가 되었으면 좋겠어."

"…… 음악가?"

"엄마의 어릴 적 꿈이 성악가였어. 꼭 성악가가 아니라도 좋아. 엄마의 못다 이룬 꿈을 수경이가 이루어 주면 좋겠어."

엄마의 눈가에 눈물이 그렁그렁 고였습니다. 엄마는 계속 말을 이었습니다.

"너한테는 재능이 있어. 하지만 이 세상 누구도 타고난 재능만으로는 성공할 수 없어. 다른 사람들보다 열 배, 백 배 연습하고, 노력해야 성공할 수 있어."

수경이가 울음을 터뜨렸습니다.

"엄마, 미안해. 앞으로 피아노 연습 더 열심히 할게."

수경이는 그동안 엄마가 왜 그렇게 열심히 연습을 시켰는지 알 것 같았습니다. 그리고 엄마와 많은 사람을 행복하게 하는 음악가가 되리라 다짐했습니다. 엄마와 수경이는 오랫동안 서로를 꼭 끌어안고 울다가 웃다가 했습니다.

오페라의 역사 01

우리나라에서 처음으로 오페라를 공연한 것은 언제일까요?

우리나라에 처음으로 오페라가 소개된 것은 1940년입니다. 후지하라가극단과 하르빈교향악단 공동으로 10월 25일에서 27일까지 3일간 경성 부민관에서 비제의 오페라 《카르멘》을 공연했다고 합니다. 그리고 우리나라 음악가에 의해 처음으로 공연된 것은 1948년 1월 이인선의 조선오페라협회에서 공연한 베르디의 《라트라비아타》입니다. 그 뒤 1949년 5월에 구노의 《파우스트》의 일부를 한규동의 한불협회가 공연했고, 1950년 4월에는 비제의 《카르멘》을 이인선의 국제오페라사가 공연했습니다. 《파우스트》와 《라트라비아타》, 《카르멘》은 한국에 오페라가 뿌리내리는 데 바탕이 된 작품이었답니다.

오페라의 역사를
알아볼까요?

오페라는 대사에 음악을 붙인 것으로 '음악을 주로 한 극'을 말합니다.

오페라가 되기 위해서는 두 가지 조건이 필요해요.

첫째, 16세기 말에 이탈리아에서 생겨난 음악극의 흐름이나 형식을 따라야

합니다. 둘째, 거의 모든 대사가 노래로 표현되어야 하지요.

오페라가 탄생한 곳은 16세기 말 이탈리아의 피렌체였습니다. 당시 풍습

으로, 귀족들이 궁전에 모여서 예술을 논하고 즐기는 '모임'이 있었답니

다. 이것을 '카메라타'라고 해요.

바르디 백작의 카메라타에서는 고대 그리스

극을 연구하고, 새로운 음악을 만들자는 움직

임이 있었습니다. 처음에는 그리스 신화를 소

재로 하여 네 개의 악기만으로 이루어진 음

악극을 만들었답니다. 이것이 최초의 오페라

가 된 거예요.

가에타노 도니체티의 오페라 《람메르무어의 루치아》

그 뒤 '오페라의 아버지'로 불리는 작곡가 몬테베르디가 현대 오페라와

비슷하게 만들었습니다.

지금까지 오페라는 약 25,000개 이상 만들어졌다고 해요. 이탈리아를 중

심으로 독일, 프랑스, 영국, 미국으로 퍼져 나간 오페라는 이제 세계적으로

사랑받는 예술이 되었답니다.

자코모 푸치니의 오페라 《투란도트》

2장

칭찬은 즐거워

'여자깡패' 조수경

"넌 남자니? 여자니?"

초등학교 2학년 때 일입니다. 수경이를 따라다니며 괴롭히는 같은 반 남자아이가 있었습니다. 그 아이는 수경이를 '남자아이' 라고 놀려댔습니다. 처음에는 모른 척하던 수경이도 슬슬 짜증이 치밀었습니다.

"보면 모르니? 네 눈이 삐었나 보다."

수경이는 자꾸 귀찮게 구는 그 애가 얄미웠습니다.

사실 수경이는 남자아이처럼 짧은 머리에 바지를 자주 입고 다녔습니다. 보통 여자아이처럼 치마를 입으면 놀기에 불편했기 때문입니다.

더욱이 활달하게 뛰어노는 것을 좋아했기 때문에 평범한 여자아이 같지는 않았습니다. 그래서 그런지, 말을 안 하고 있으면 남자아이인지 여자아이인지 구별이 잘 안 가긴 했습니다.

"짧은 머리에 바지만 입고 다니는 수경이는 남자일까요? 여자일까요?"

짓궂은 남자아이는 노래까지 만들어 부르며 수경이를 계속 놀려댔습니다.

'어디 두고 봐라. 내가 가만히 놔두나.'

수경이는 자신을 놀려대는 그 남자아이를 골탕 먹일 기회를 찾고 있었습니다.

그러던 어느 날, 드디어 운명의 날이 찾아왔습니다. 혼자 완벽한 계획을 세워 놓은 수경이의 얼굴에는 웃음이 떠올랐습니다.

"누가 떠듭니까?"

월요일 아침 운동장 조회 시간이었습니다. 단상에서 말씀하시던 교장 선생님이 화가 났습니다. 2학년 줄에 서 있던 아이들이 교장 선생님 말씀은 안 듣고 웅성거렸기 때문입니다. 아이들의 웅성거림은 곧 웃음소리로 바뀌었습니다.

"하하하, 바지 벗겨졌대요."

"히히히, 노란색 팬티래요."

2학년 줄에 서 있던 한 남자아이의 바지가 내려가 있었습니다. 그 아이는 너무 놀라 빨개진 얼굴로 바지를 추스르지도 못하고 얼음처럼 굳어 있었습니다. 이 광경을 보고는 다른 학년 줄에서도 웃음이 터졌습니다.

남자아이의 바지를 벗긴 사람은 다름 아닌 수경이였습니다. 수경이가 자신을 졸졸 따라다니며 귀찮게 놀리던 아이를 골탕 먹인 것입니다.

월요일 아침 조회 시간은 엉망이 되고 말았습니다. 수경이는 교장 선생님에게 불려가 한참 동안 손들고 벌을 서야 했습니다.
하지만 그래도 기분은 통쾌했습니다.

　수경이는 여자를 못살게 구는 남자아이들은 꼭 혼내 줘야 직
성이 풀리는 왈가닥이었습니다. 그래서 얻은 별명이 '여자깡패'
였답니다.

칭찬을 들으면 힘이 나요

수경이는 누구에게도 지는 것을 싫어했습니다. 그리고 지지 않을 자신도 있었습니다. 이 자신감은 부모님이 키워 준 커다란 재산입니다.

"아이구, 우리 수경이는 커서 훌륭한 화가가 될 모양이다. 어쩌면 이렇게 그림을 잘 그리지? 아빠도 한번 그려 줄래?"

초등학교 1학년 때, 처음으로 그린 그림을 보고 아빠는 크게 기뻐하며 수경이를 칭찬했습니다. 아빠의 칭찬에 삐뚤빼뚤 엉망으로 그린 그림도 수경이에게는 멋지게 보였습니다.

"전 음악가도 되고 화가도 될 거예요."

수경이는 자기가 정말 그림을 잘 그린다고 생각했습니다. 다른 아이들이 무엇을 그릴까 우물쭈물하고 있을 때 수경이는 진짜 화가가 된 것처럼 신나게 그림을 그렸습니다.

'내 그림 솜씨는 아무도 따라오지 못할걸!'

자신감이 절로 생겼습니다. 그러다보니 나중에는 정말로 그림을 잘 그리게 되었습니다. 수경이는 학교 대표로 그림 대회에 나가 상도 많이 받았습니다.

엄마 역시 수경이가 무엇을 하든 칭찬부터 해 주었습니다.

"수경이의 피아노 소리를 들으면 기분이 아주 좋아져."

엄마는 피아노를 치는 시간은 반드시 지키게 하는 대신, 수경이가 잘하지 못해도 칭찬만큼은 많이 해 주었습니다.

그뿐 아니라, 수경이가 서투른 솜씨로 가야금을 뜯어도 부모님은 감탄부터 먼저 했습니다.

"우리 집에 국악 천재가 나오려나 보다."

그래서인지 수경이는 음악, 미술, 글짓기, 무엇이든 뛰어난 재능을 보였습니다. 부모님의 끊임없는 칭찬과 격려에 수경이는 신이 나서 더 열심히 노력했습니다. 그래서 무엇이든 할 수 있고 누구에게도 지지 않을 자신감을 갖게 되었습니다.

교내 웅변대회에서도 수경이는 최우수상을 받았습니다.

"수경이가 못하는 게 과연 뭘까?"

수경이가 상 받는 것을 지켜본 친구들은 부러움과 질투를 섞어 한마디씩 했습니다.

"그러게 말야. 노래도 잘하고 피아노도 잘 치고 무용도 잘하고 거기다 공부까지 잘하잖아."

"그뿐이니? 글짓기에 이제는 웅변까지……. 아휴, 샘나."

노래자랑

수경이가 초등학교 4학년 때였습니다. 선생님이 수경이를 불렀습니다.

"수경아, 너 노래자랑에 한번 나가 보지 않을래?"

"노래…… 자랑이요?"

"그래, 노래는 네가 우리 학교에서 최고잖니. 넌 충분히 잘할 거야."

선생님은 수경이에게 방송국에서 열리는 노래자랑에 나가 보라고 했습니다. 전국에 있는 초등학생들의 동요 경연 대회인 〈누가 누가 잘하나〉라는 프로그램이었습니다. 노래만큼은 학교 안에서 상을 휩쓰는 수경이었습니다. 하지만 전국 대회에 나갈 자신은 없었습니다.

"아빠 엄마, 선생님이 〈누가 누가 잘하나〉에 나가 보라고 하세요."

"그래?"

"만일 노래자랑에 나갔다가 상을 하나도 못 타면 어떡해요?"

수경이는 걱정스러운 얼굴로 말했습니다. 그런데 수경이의 아빠 엄마는 오히려 수경이에게 용기를 주었습니다.

"괜찮아, 한번 나가 봐. 수경이 넌, 아빠가 생각하기에 세상에서 가장 아름다운 목소리를 가졌어."

"그래. 상 못 받으면 어떠냐? 자신감을 가지고 한번 나가 봐."

대회가 있는 날까지는 며칠의 시간이 있었습니다. 수경이는 쉬지 않고 열심히 연습했습니다. 수경이가 준비한 곡은 〈은행잎〉이었습니다.

드디어 대회 날이 되었습니다. 〈누가 누가 잘하나〉는 정말 많은 사람들이 모이는 큰 대회였습니다. 순서를 기다리는 동안 수경이는 엄마의 손을 꼭 잡고 있었습니다. 자신의 순서를 기다리

는 게 이렇게 떨릴 줄은 몰랐습니다. 모든 일에 자신감 넘치던 수경이도 이렇게 큰 대회에서 노래하기는 처음이었습니다.

이제 수경이 차례가 되었습니다.

"수경아, 떨지 말고 연습한 대로만 해. 알았지?"

수경이는 빨간 원피스를 입고 손을 가지런히 모아 쥐고선 열심히 노래를 불렀습니다. 막상 무대에서 노래를 시작하니 조금도 떨리지 않았습니다. 연습할 때보다 몇 배는 더 잘한 것 같았습니다.

수경이는 1등을 했습니다. 이 대회는 매주 1등을 뽑아 월말에 다시 1등을 겨루는 식으로 진행되었습니다. 그리고 연말에는 월말 대회를 거쳐 기말 대회에서 1등 한 사람들끼리 우승을 겨루었습니다.

수경이는 연말 결선까지 진출했습니다. 연말 결선에서는 예선에서와는 다른 노래인 〈불어라 은피리〉를 부르기로 했습니다. 무대 주변은 참가자들을 응원하러 온 사람들로 발 디딜 틈이 없었습니다. 수경이를 응원하기 위해 가족들과 친구들도 많이 왔습니다.

수경이가 마지막 차례였습니다. 평소처럼 차분하고 자신 있게 노래를 잘 불렀습니다. 그렇게 모든 참가자들의 노래가 끝났습니다.

이제 결과 발표만 남았습니다. 사회자가 무대 중앙으로 걸어 나왔습니다. 장려상과 3등 상이 발표되었습니다. 여기저기서 환호성이 터졌습니다.

"이제 최우수상과 우수상, 두 명만 남았습니다. 무척 긴장되는 순간입니다."

최종 결선에 오른 네 명 가운데 이제 수경이와 다른 학교 6학년 언니만 남았습니다. 6학년 언니는 "해당화가 곱게 핀 바닷가에서……"로 시작하는 〈바닷가에서〉를 불렀습니다.

모두들 숨죽이고 사회자만 바라보았습니다.

"오늘의 최우수상은…… 6학년 김영희! 축하합니다."

수경이의 이름이 아니었습니다. 수경이는 순간 눈물이 핑 돌았습니다. 믿을 수 없었습니다.

하지만 6학년 언니도 노래를 무척 잘했습니다. 수경이가 듣기에도 깜짝 놀랄 실력이었습니다.

"수경이가 1등 할 줄 알았는데……. 아깝다."

응원 온 친구들은 꽃다발을 건네며 수경이를 축하해 주면서도 아쉬움을 감추지 못했습니다.

"고마워. 우수상도 기분 좋은걸."

수경이는 1등이 아니라도 전국 대회에서 상을 받은 것이 무척 기뻤습니다.

"수경이가 이렇게 노래를 잘하는 줄 몰랐네. 정말 축하한다."

선생님도 부모님도 진심으로 축하해 주며 수경이를 자랑스러워했습니다.

나중에 안 사실이지만 6학년 언니와 수경이의 노래 실력은 우열을 가리기 어려웠다고 합니다. 오랫동안 고심하던 심사위원들은 하는 수 없이 나이가 어린 수경이에게 우수상을 주었던 것입니다.

평소에 노래 부르기를 좋아하고 잘한다는 소리를 듣긴 했지만, 전국 대회에 나가 상을 받을 만한 실력인지는 추천한 선생님도, 부모님도 미처 몰랐습니다.

"축하해. 우수상이지만 너 정말 노래 잘하더라."

"그래, 수경이 목소리는 아주 훌륭해."

대회를 마치고 집으로 돌아오는 길에 구경 온 많은 사람들이 수경이를 칭찬해 주었습니다.

'내가 노래에 재능이 있구나.'

수경이도 깜짝 놀랐습니다.

그날 이후 수경이는 피아노를 치면서 노래 부르기를 더욱 열심히 했습니다. 상을 받아서인지, 노래 부르는 것이 더 신났습니다. 수경이가 집에서 노래를 부를 때면, 간혹 집 앞을 지나가던 사람이 걸음을 멈추고 노래에 귀를 기울이다가 집 안으로 들어

오기도 했습니다.

"방금 그 노래, 네가 부른 거니?"

"네. 그런데, 누구세요?"

"네 노래가 너무 좋아서 나도 모르게 들어왔구나!"

수경이의 노래를 듣는 사람들은 모두 한결같이 행복한 표정을 지었습니다.

수경이는 노래가 사람들의 마음을 즐겁게 해 준다는 것을 알게 되었습니다. 사람들이 행복해 하는 모습을 보면 수경이도 행복해졌습니다. 수경이는 앞으로도 계속 노래를 부르겠다고 다짐했습니다. 행복한 마음을 가득 담아 노래하면 사람들도 수경이도 행복했기 때문입니다.

수경이는 어떤 가수가 되고 싶니?

"수경아, 이리 와 봐."

엄마는 수경이를 불렀습니다.

"이 노래를…… 잘 들어 보렴."

엄마는 수경이에게 노래 두 곡을 들려주었습니다. 수경이는 노래를 유심히 들었습니다.

"이건 오페라 《리골레토》에서 질다가 부르는 노래인데."

"그래 두 곡이 같은 노래야. 그런데 어떤 차이가 있는 것 같니?"

엄마가 들려주는 노래 두 곡을 수경이는 다시 들어 보았습니다. 엄마는 첫 번째 노래는 마리아 칼라스가 부른 것이고 두번째 노래는 레나타 테발디의 노래라고 알려 주었습니다.

"같은 노래인데 다른 노래인 것처럼 들려요. 두 번째 노래는 아주 아름답고 황홀한데, 첫 번째 노래는 힘차고 멋있어요."

"왜 그럴까?"

수경이는 같은 오페라, 같은 등장인물의 노래가 부르는 사람에 따라 아주 다른 노래처럼 들리는 것이 신기했습니다. 그 이유가 무엇인지 생각해 보았습니다. 하지만 알 수 없었습니다.

"음……. 잘 모르겠어요."

"오페라 가수는 오페라의 줄거리를 완전히 이해해야 하고 자신이 노래하는 등장인물의 마음이 되어 노래해야 해. 두 사람의 노래가 다르게 느껴지는 것은 질다를 이해하는 방법이 달랐기 때문이야."

"이해하는 방법이 다르다고요?"

엄마는 오페라 《리골레토》의 줄거리와 질다의 이야기를 자세히 들려주었습니다. 수경이는 자기가 질다라면 어떤 마음을 갖게 될까, 마음껏 상상해 보았습니다.

"수경이는 어떤 가수가 되고 싶니?"

"음…… 감동적이고 힘이 있는 노래를 부르는 가수가 되고 싶어요."

"그래 아름다운 목소리로 노래하는 가수도 좋지만 그보다 사람의 마음을 움직이고 감동을 주는 가수가 더 훌륭한 가수라고 엄마도 생각한다."

엄마는 사람들에게 더 오래 기억되고 사람들을 행복하게 하는 가수가 훌륭한 가수라고 했습니다.

이제 수경이는 꾀꼬리 같은 자신의 목소리에 어떤 옷을 입혀야 할지 생각하게 되었습니다.

오페라의 역사 02

세계적인 오페라 작곡가를 만나 봐요!

오페라의 셰익스피어, 주세페 베르디

오페라 작곡가 중에서 가장 유명한 베르디는 이탈리아 북부의 파르마에서 태어났습니다. 처음에 그는 마을 성당에서 오르간을 연주했습니다. 그러다가 1839년 밀라노 스칼라 극장 지배인의 후원으로 오페라를 만들기 시작했습니다. 베르디는 이탈리아 오페라의 전통을 살려 내면서도 독창, 중창, 오케스트라를 잘 결합했습니다. 역사극, 비극, 희극을 모두 잘 만들었기에 '오페라의 셰익스피어'라는 별명도 얻었답니다. 베르디의 작품으로는 《리골레토》를 비롯하여 최고의 걸작인 《라트라비아타》, 《아이다》, 《돈 카를로》, 《오텔로》와 《팔스타프》가 있습니다.

조수미가 엄마와 이야기 나누었던
오페라 《리골레토》

주세페 베르디(1813년~1901년)

《리골레토》는 베르디가 작곡한 3막의 오페라로, 빅토르 위고의 희곡 〈방탕의 왕〉을 기초로 하고 있답니다. 처음에 베르디는 이 오페라의 제목을 '저주'로 붙일 생각이었습니다. 그런데 당시 베네치아를 점령하고 있던 오스트리아 군정의 검열관들이 반대를 했다고 해요. 절대 권력자가 나쁜 사람으로 표현된다는 것은 있을 수 없는 일이기 때문이죠. 오랜 실랑이 끝에 베르디는 제목을 '저주'에서 '리골레토'로 바꾸고 내용도 일부 바꾼 뒤에야 공연을 허락 받았답니다.

♬ 줄거리

16세기 북이탈리아의 만토바 공작은 바람둥이입니다. 공작은 자신의 광대인 꼽추, 리골레토가 아름다운 여자를 숨겨 놓고 있다는 소문을 듣고 그 여자를 납치하려고 합니다. 그 여자는 바로 리골레토가 공작의 눈에 띄지 않게 키우는 딸, 질다였습니다.

그런데 질다는 학생으로 변장한 공작을 사랑하게 됩니다. 이 사실을 안 리골레토는 공작에게 복수를 하려고 스파라푸칠레에게 공작을 암살해 달라고 부탁합니다. 하지만 공작을 사랑하는 질다가 공작 대신 죽게 되고, 이 사실을 알게 된 리골레토는 충격을 받아 쓰러집니다.

《리골레토》에는 명곡으로 알려진 유명한 아리아들이 많습니다. 그 중에서도 특히 〈여자의 마음〉은 베르디 자신이 가장 자랑스럽게 여기던 곡입니다. 그래서 이 곡을 부르는 가수에게 "이 곡을 남들 앞에서 절대로 연습하지 마라. 이 곡은 분명히 24시간 안에 히트를 칠 것이다."라고 말했다고 하지요. 그런데 놀랍게도 실제로 오페라가 시작된 지 열흘 만에 온 도시 사람들이 이 곡을 흥얼거리게 되었다고 합니다.

주세페 베르디의 오페라 《리골레토》

3장

선택은 어려워

성악? 피아노?

6학년 2학기도 거의 끝나가고 있었습니다. 이제 수경이는 중학교에 진학을 해야 합니다.

"수경이는 음악에 재능이 있으니까 일반 중학교보다는 예술학교에 보내는 것이 낫지 않을까?"

"그래요. 수경이의 미래를 생각한다면 예술학교가 좋겠어요."

부모님은 수경이를 예술학교에 보내기로 했습니다. 다행히도 수경이의 집에서 버스로 10분 거리에 선화예술중·고등학교(선화예술학교)가 있었습니다. 수경이도 그 학교에 진학하기로 결심을 굳혔습니다.

그런데 부모님에게 고민이 생겼습니다. 예술학교에 가려면 전공을 정해야 합니다. 수경이는 피아노와 성악에 모두 재능이 있어서 더욱 고민이 되었습니다.

"피아노 전공은 어떨까? 어렸을 때부터 했으니까 실기 시험 보기도 유리하고 좋을 것 같은데."

"아니에요. 성악을 전공해야 해요. 수경이는 굉장히 아름다운 목소리를 가졌잖아요."

어떤 전공을 선택하는 게 좋을지 엄마 아빠는 결정이 쉽지 않았습니다. 수경이에게도 무엇을 전공하고 싶은지 물어보았습니다.

"엄마 아빠, 전 성악을 전공하고 싶어요."

"하지만 변성기를 지나면 목소리가 어떻게 변할지 몰라."

"그래도 저는 노래 부르는 게 훨씬 재밌어요."

수경이의 얘기를 듣고도 엄마는 고민스러웠습니다. 수경이는 곧 변성기를 거쳐야 합니다. 그런데 변성기를 무사히 잘 보내지 못하면 성악을 할 수 없습니다. 또 변성기가 지난 뒤에도 목소리가 지금처럼 아름다울지 자신할 수 없습니다. 하지만 피아노는 변성기를 거칠 필요도 없고 나이가 들어서도 오랫동안 할 수 있습니다.

일단 부모님과 수경이는 전공을 피아노로 하고 성악을 부전공으로 하기로 했습니다. 하지만 원서 마감 날짜가 다가올수록 피아노와 성악 사이에서 갈팡질팡하기는 마찬가지였습니다.

선화예술중학교 지원 마감을 며칠 앞둔 어느 날, 엄마가 큰 결심을 한 듯 말했습니다.

"안 되겠다. 아무래도 마음이 놓이지 않아."

엄마는 학교에 직접 찾아가서 상담을 헤 보기로 했습니다. 엄마와 수경이는 선화예술중학교에서 음악을 담당하고 있는 유병무 선생님을 찾아갔습니다.

"제가 유병무입니다. 어떻게 오셨나요?"

"우리 수경이가 피아노도 잘 치고 노래도 잘하는데, 전공을 어떻게 결정하면 좋을지 선생님과 상담을 하려고 왔습니다."

"그럼, 피아노 연주를 한번 들어 볼까요."

수경이는 자그마한 손으로 평소 잘 치던 곡을 쳐 보았습니다.

"오, 세상에! 이럴 수가……."

선생님은 거침없이 연주하는 수경이의 모습을 보고 깜짝 놀랐습니다. 피아노 신동이 따로 없었습니다.

"자, 이번에는 노래를 한번 들어 보겠습니다. 어떤 노래를 부를 거니? 반주는 내가 해 줄게."

선생님이 피아노 앞에 앉았습니다.

"네, 윤용하 작곡 〈나뭇잎 배〉를 부르겠습니다."

선생님의 피아노 전주가 시작되었습니다.

"아……."

선생님은 수경이의 목소리를 듣는 순간 깜짝 놀랐습니다. 하마터면 자리에서 벌떡 일어날 뻔 했습니다. 수경이의 목소리는 꼭 보이소프라노가 노래하는 듯 맑고 청아했습니다. 〈나뭇잎 배〉는 아이가 부르기에 쉽지 않은 노래입니다. 그런데 수경이는 음정 하나 틀리지 않고 부르는 것입니다. 선생님은 입을 다물 수 없었습니다.

"어떤가요? 선생님, 우리 수경이가 무엇을 전공하면 좋을까요?"

선생님은 한참 동안 수경이를 바라보았습니다.

"어머니, 수경이는 피아니스트가 될 자질이 충분히 있습니다."

"그렇다면 피아노를 전공해야겠군요."

"하지만 피아니스트는 하늘의 별과 같이 무수히 많습니다. 수경이는 성악을 시키는 것이 좋겠습니다."

뜻밖의 대답에 엄마는 깜짝 놀랐습니다.

"네? 피아노는 오랫동안 해 왔지만 성악을 전공하기엔 아직 변성기도 안 지나서……."

"변성기는 잘 관리하면 큰 문제는 없습니다."

유병무 선생님은 성악을 적극적으로 권했습니다.

"수경이는 목소리가 굉장히 독특하고 아름답습니다. 만 명에 하나 나올까 말까한 목소리입니다. 아마 머지않아 세상을 깜짝 놀라게 할 날이 있을 겁니다."

부모님과 수경이는 선생님의 말씀대로 전공을 성악으로 바꾸어 지원했습니다.

조수미는 지금도 그때를 생각합니다. 자신의 재능과 목소리를 제대로 알아본 유병무 선생님을 만나지 못했다면 어땠을까? 아마도 훌륭한 피아니스트가 되었겠지만, 지금처럼 행복하지 못했을 것입니다.

선화예술중학교 입학시험 날이 되었습니다. 미래에 훌륭한 예술가가 되려는 많은 학생들이 실기 시험을 보기 위해 모였습니다. 그 중에는 수경이도 끼어 있었습니다.

수경이 차례가 되었습니다. 반주자 없이 실기 시험을 보러 온 수경이는 학교에서 나온 사람이 반주를 해 주었습니다. 전주가 시작되었습니다. 그런데 수경이는 노래를 시작하지 않고 반주자에게 또랑또랑한 목소리로 부탁을 했습니다.

"죄송해요. 반주음이 틀렸어요. 한 음만 올려 주세요."

심사위원 선생님들은 깜짝 놀랐습니다.

'아직 초등학교도 졸업하지 않은 아이가 절대음감이라니!'

수경이는 아무렇지도 않게 노래를 부르기 시작했습니다.

선화예술학교는 수경이의 재능을 높이 평가하여, 전체 1등으로 수경이를 합격시켰습니다.

"우리 학교에 천재가 하나 들어왔어."

수경이는 많은 선생님들의 관심을 한 몸에 받았습니다.

아빠가 보여준 세계

3월의 어느 날입니다. 아침을 먹다 말고 아빠는 불쑥 무언가를 내놓으셨습니다.

"이게 뭐예요?"

엄마는 깜짝 놀라 물었습니다.

"응, 영어 카세트테이프야. 이제 수경이도 중학생이 되었으니 외국어를 익혀야지."

아빠는 수경이가 세계를 무대로 자라길 바랐습니다. 그러기 위해서는 외국어가 반드시 필요하다고 생각했습니다.

대학에서 영어를 전공한 아빠는 일찌감치 세계 경제에 눈을 떠 무역업을 하고 있었습니다. 그러다보니 1년 가운데 4분의 1을 외국에 머물러야 했습니다. 따라서 세계화와 외국어의 중요성을 일찍 깨달았습니다.

아빠는 아침식사 때뿐 아니라, 가족들이 한자리에 모이는 시간에는 항상 외국어 테이프를 틀어 놓게 했습니다.

"왜 오늘은 카세트를 틀지 않은 거야? 어디에 치웠어?"

어느 날 아빠는 아침 식탁에 늘 있던 카세트가 없는 것을 보시고는 온 집 안을 다 뒤져 카세트를 찾으셨습니다.

"수경이 네가 감춰 놓았구나?"

"아빠, 영어가 중요한 것은 알겠는데요. 밥 먹을 때는 좀 조용히 먹으면 안 될까요?"

"안 돼. 영어는 습관이야. 하루 30분이라도 늘 듣다 보면 귀가 열린단 말이야."

아침에는 식구들이 모두 바쁜 시간입니다. 더욱이 학교 갈 준비에 정신이 없을 때면 카세트에서 흘러나오는 영어가 귀에 거슬리곤 했습니다. 그래서 가끔 아빠가 일찍 출근하시거나 출장을 가셨을 때 카세트를 감춰 놓기도 했습니다. 그러다가 아빠가 계신 오늘은 카세트를 꺼내 놓는다는 것을 그만 깜빡한 것입니다.

"수경아, 지난주에 들었던 테이프의 내용이 뭐지?"

아빠가 갑자기 수경이에게 질문을 했습니다.

"네? 그건……. 날씨예요. 맞아요. 사계절에 관한 것이었어요."

"그럼, 어디 영어로 설명을 해 봐."

수경이는 당황했습니다. 그런데 무심결에 들었던 영어 문장들이 머릿속에 떠오르는 것이었습니다. 수경이는 더듬더듬 영어로 말했습니다.

"오호, 맞았어. 거 봐라. 시작한지 얼마 지나지 않았는데 귀가 열리지 않았니."

솔직히 수경이 자신도 깜짝 놀랐습니다. 그냥 듣기만 했을 뿐인데 그 내용이 기억난다는 것이 신기했습니다. 아빠는 신이 나서 수경이에게 말했습니다.

"세계는 무궁무진한 곳이란다. 세계를 무대로 네 꿈을 이루는 상상을 늘 마음속에 품고 있어야 해. 그러기 위해서 물론 영어는 꼭 배워두어야 하고."

아빠는 시간이 날 때마다 수경이와 동생들에게 세계 곳곳의 이야기를 들려주곤 했습니다. 이러한 아빠의 노력 덕분에 수경이는 자연스럽게 외국어를 익히고 세계 곳곳을 미리 경험할 수 있었습니다.

특히 아빠는 수경이가 세계적인 성악가가 될 거라고 굳게 믿었기 때문에 수경이의 외국어 공부에 더욱 신경을 많이 썼습니다.

아빠의 지혜로운 가르침 덕분에 수경이는 외국어를 어렵지 않게 익혔습니다. 훗날 사람들은 조수미가 세계적인 가수로 성공할 수 있었던 이유로 노래 실력과 함께 뛰어난 외국어 실력을 꼽는답니다.

아빠의 선물

"수경아, 이게 뭔지 아니?"

중학교 3학년이던 어느 날, 출장에서 돌아오신 아빠는 수경이에게 사진 한 장을 보여 주었습니다. 사진 속에는 고풍스러운 건물이 있었습니다.

"와! 근사하다. 여기가 어디에요?"

"라 스칼라 오페라극장이야. 너는 이곳에서 노래를 하게 될 거야. 내가 극장장한테 미리 공연 예약을 하고 왔지."

"공연 예약이요?"

옆에서 듣고 있던 엄마와 수경이는 깜짝 놀라 동시에 소리쳤습니다. 아빠는 태연하게 대답했습니다.

"그럼, 당연하지."

아빠는 이탈리아로 출장을 다녀오는 길에 라 스칼라 오페라극장에 들렀답니다. 그리고 무작정 극장장을 찾았습니다.

"안녕하세요? 저는 한국에서 온 조언호입니다. 앞으로 10년 뒤에 우리 딸이 이 극장에서 노래를 하게 될 겁니다."

라 스칼라 오페라극장장은 느닷없이 찾아온 한국 사람의 말에 몹시 황당해 하면서 물었습니다.

"네? 그 사람이 누군데요?"

아빠는 거리낌없이 대답했답니다.

"조수경이라는 세계적인 성악가가 지금 대한민국에서 무럭무럭 자라고 있습니다. 잘 기억해 두세요. 조. 수. 경입니다."

"허허허. 잘 알겠습니다. 훌륭한 가수로 키우셔서 꼭 저희 극장에서 노래할 수 있게 해 주십시오."

자신만만한 아빠의 모습에 극장장은 결국 호탕하게 웃으며 그 날이 오기를 기다리겠다고 했습니다.

그런데 신기하게도 정확히 10년 뒤에 조수미는 라 스칼라 오페라극장에서 정말로 노래를 부르게 되었답니다.

오페라는 어떻게 만들어지나요?

1. 무엇을 공연할까요?

유명한 작가들의 소설이나 신화, 전설 또는 연극 등에서 작품을 골라야 해요.

2. 대본을 쓰고 노래를 작곡해요.

대본을 쓸 때 주인공의 성격을 바꾸거나 결말을 바꿀 수도 있답니다. 작곡은 대본을 완성한 뒤 시작합니다.

3. 배역에 맞는 가수를 찾아요.

오디션을 통해 가수를 뽑거나 미리 적합한 가수를 정해 놓기도 합니다.

4. 연출, 무대디자인, 조명디자인, 의상디자인, 분장 책임자를 정해요.

연출가와 지휘자를 정하고 오케스트라단을 정해요. 합창단, 무용단도 함께 정해야죠. 그리고 무대디자인, 조명디자인, 의상디자인의 책임자를 정해요.

5. 공연할 작품을 분석해요.

출연자들은 작품의 시대적 배경과 분위기를 익히기 위해 많은 공부를 해요.

6. 혼자 연습을 해요.

배역을 맡은 가수들은 개인 연습을 통해 곡과 가사를 외우고, 배역의 분위기를 익혀요.

7. 피아노에 맞춰 연습을 해요.

지휘자와 연출가는 출연 가수들과 함께 피아노 반주로 연습을 합니다. 연출가는 가수들에게 상세한 연기 지시를 해요.

8. 오케스트라와 연습을 해요.

무대에서 실제와 똑같이 오케스트라 반주에 맞춰 연습을 해요.

9. 무대의상을 입고 연습해요.

완성된 무대의상을 입고 분장을 한 상태로 무대에서 연습을 합니다.

10. 드디어 공연이에요!

전 세계 소프라노들의 꿈의 무대,
세계 5대 오페라극장을 알아볼까요?

전 세계의 성악가들이 꿈꾸는 멋진 무대가 있습니다. 세계 5대 오페라극장이 바로 그곳이죠. 성악가뿐만 아니라 관객 또한 그 무대에서의 공연을 보고 싶어합니다. 조수미는 세계 5대 오페라극장에서 모두 공연하는 기록을 세웠답니다.

라 스칼라 극장

이탈리아 밀라노에 있는, 세계에서 가장 유명한 오페라극장입니다. 이 극장은 1778년에 문을 열었다가 2차 세계대전 중인 1943년에 폭격을 받아 크게 파괴되었습니다. 하지만 밀라노 시민들의 성금으로 최신식 시설을 갖추어 다시 문을 열었답니다. '라 스칼라' 하면 가장 먼저 떠오르는 것이 극장의 제일 위층 갈레리아 입석에 들어오는 극성팬들입니다. 이들은 거의 전문 오페라 평론가를 뺨치는 수준의 오페라 팬들이랍니다. 이 사람들에 의해, 세계적인 명 테너 주세페 디 스테파노가 토마토 세례를 받기도 했답니다. 그만큼 관객들의 수준이 높고 냉정하다고 해요.

조수미는 1988년 2월에 오페라 《페톤테》의 행운의 여신 역을 맡아 한국인

최초로 공연했습니다.

메트로폴리탄 오페라하우스

미국 뉴욕시 링컨센터에 있으며 미국을 대표하는 오

페라하우스입니다. 1883년 문을 열었고, 1892년 화

재로 잠시 문을 닫았다가 1893년에 다시 문을 열었

습니다. 메트로폴리탄 오페라하우스는 1년 중 공연

횟수가 가장 많은 극장으로 유명합니다. 추수감사절

이나 크리스마스 등 특별한 날과 매주 일요일을 제

외하고는 매일 공연(토요일은 두 차례)을 하기 때문입

니다. 메트로폴리탄 오페라하우스는 마이크 없이도

관람석까지 소리가 잘 들릴 정도로 음향 시설이 좋

습니다.

메트로폴리탄 오페라하우스
《람메르무어의 루치아》 공연

조수미는 1989년 4월에 베르디의 오페라 《리골레

토》의 질다 역으로 이곳에서 미국 무대 데뷔를 했

습니다.

로열 오페라하우스 코벤트가든
《사랑의 묘약》 공연

로열 오페라하우스 코벤트가든

영국을 대표하는 오페라하우스로, 이 극장이 위치한 코벤트가든은 옛날에 꽃, 채소 등을 주로 팔던 작은 마을이었습니다. 1857년 처음 문을 열 당시 귀족들의 사교장이었던 오페라하우스는 코벤트가든과는 반대쪽에 문을 만들었답니다. 바로 옆에 있는 서민들의 시장이 안 보이도록 하기 위해서였다고 하지요. 로열 오페라하우스는 보수적이고 근엄한 영국인의 특성을 그대로 보여주듯 원어 공연만을 고집하고 있습니다. 그리고 이곳에서는 오페라 공연 중간에 박수를 치지 않습니다. 오페라 전곡이 끝나기를 기다렸다가 막이 내리고 나서야 차분하게 박수를 보내는 것이 이곳의 전통입니다.

1991년 6월에 조수미는 《호프만 이야기》의 올림피아 역을 맡아 이곳에서 공연한 최초의 한국인이 되었습니다.

빈의 국립 오페라극장

음악의 도시 빈을 대표하는 오페라극장입니다. 1869년에 빈 궁정 오페라극장으로 문을 열었습니다. 2차 세계대전으로 큰 피해를 입었는데, 1955년 가을에 복구되어 세계 최고의 시설을 갖춘 대극장으로 다시 태어났습니다.

고전을 비롯하여 현대 오페라까지 다양한 상연을 하고 있지만, 무엇보다 빈 음악, 특히 모차르트의 오페라 공연은 다른 오페라극장이 따라올 수 없는 수준이랍니다. 세계적으로 유명한 빈 필하모닉은 이 극장의 전속 관현악단 입니다. 1991년 11월에 조수미가 이곳에서 오페라 《마술피리》의 밤의 여왕 역을 맡아 공연했습니다.

바스티유 오페라극장

프랑스 국립 오페라단과 바스티유 오페라단이 상주해 있으면서 오페라와 발레를 주로 상연하는 세계적인 극장입니다. 프랑스 혁명의 불길을 당겼던 바스티유 감옥이 있던 자리에 프랑스 혁명 200주년을 기념하여 1989년에 문을 열었습니다. 파리에서 세 번째로 큰 건물인 바스티유 오페라극장은 3 층으로 설계되어 있어서, 좌석 어디에서나 무대를 내려다볼 수 있고 소리 를 잘 들을 수 있습니다. 이는 좌석으로 신분을 구분 짓던 관습을 없애자 는 프랑스 혁명의 기본 정신에 충실하게 극장을 만들었기 때문이랍니다.

1993년 2월에 조수미가 이곳에서 오페라 《호프만 이야기》를 공연하게 되 면서 '동양인으로서는 최초로 세계 5대 오페라극장에서 모두 노래한 프리 마돈나'의 기록을 세우게 되었습니다.

4장

최고가 되고 싶어요

내 인생의 라이벌

"좋았어. 그 감정 그대로 살려서……. 그렇지……. 잘했어. 이제 수경이가 한번 해 보자."

선화예술중학교에 입학한 수경이는 유병무 선생님의 지도를 받았습니다. 그리고 유병무 선생님의 제자 중에 오늘날 세계적인 소프라노 신영옥이 수경이의 1년 선배로 있었습니다.

유병무 선생님은 레슨 때마다 신영옥 언니의 노래를 칭찬하곤 했습니다. 그런데 수경이가 레슨을 받을 때는 늘 한두 가지씩 지적을 하는 것이었습니다.

"아니지, 아니지. 그 부분에서는 조금 더 길게 끌어 줘야 돼."

선화예술중학교에 최고 점수로 입학했다는 자부심이 가득했던 수경이는 레슨을 마치고 나면 늘 화가 났습니다. 자기보다 노래를 잘 부르는 사람은 없을 거라고 생각했는데, 유병무 선생님은 신영옥 언니가 훨씬 노래를 잘한다고 생각하는 것 같았기 때문입니다. 수경이는 자존심이 상했습니다.

집으로 돌아온 수경이는 곧장 자기 방으로 들어가버렸습니다. 곧이어 엄마의 걱정스런 목소리가 따라왔습니다.

"수경아, 무슨 일 있니?"

"아무것도 아니에요."

수경이는 신영옥 언니와 자신이 노래 부르는 모습을 비교해 보았습니다.

"아휴, 신경질 나. 난 왜 매번 틀리는 거야……."

수경이는 매번 지적을 받는 자신이 한심하기도 했고, 그걸 일 일이 지적하는 선생님도 미웠습니다.

그런데 저녁에 돌아오신 아빠는 수경이의 얘기를 듣고는 오히 려 껄껄 웃었습니다.

"오호, 수경이도 이제 라이벌이 생겼나 보네. 이제 수경이의 실력은 더 크게 자랄게다."

라이벌이 없으면 경쟁심이 생기지 않는다, 그러면 연습도 하 지 않고 게으름을 부리게 된다고 아빠는 말했습니다.

"그럼 어떻게 해야 그 언니보다 잘 부를 수 있어요?"

"우선 질투심을 버리렴. 그리고 지금보다 더 열심히 연습하는 거야."

"치, 그게 무슨 방법이에요."

아빠는 너무나 빤한 대답을 해 주었습니다. 하지만 수경이가 생각하기에도 더 열심히 노력하는 것 외에는 방법이 없을 것 같 았습니다.

'그래, 언젠가는 내가 더 잘 부르게 될 날이 올 거야. 그때까 지 더 열심히 해야지.'

수경이는 굳게 다짐했습니다. 그리고 아빠 말씀대로 신영옥 언니를 많은 것을 배울 수 있는 좋은 라이벌이라고 생각하기로 했습니다. 그러자 신기하게도 수경이에게 없는 신영옥 언니의 장점이 보이기 시작했습니다.

몇 달 뒤 유병무 선생님의 수업 시간이었습니다.

"그렇지, 잘했어! 수경이는 고음과 저음을 자유자재로 구사하는 절대음감을 가지고 있구나."

선생님이 칭찬을 더 많이 하기 시작한 것입니다.

수경이는 자기가 가장 잘하는 것을 찾아보았습니다. 수경이는 외우는 것 하나는 자신 있었습니다.

어느 날 수업 시간이었습니다. 선생님이 수경이에게 물었습니다.

"왜 악보를 안 들고 있지? 집에 두고 왔니?"

수경이는 기다렸다는 듯 대답했습니다.

"아니요, 악보는 가지고 있지만, 벌써 다 외운걸요."

"뭐? 그 어려운 곡을 다 외웠다고?"

"몇 번 부르니까 저절로 외워졌어요."

수경이는 과제로 받은 이탈리아 가곡을 모두 외워서 불렀습니다. 수경이의 노래 외우는 솜씨는 선생님도 깜짝 놀랄 정도였습니다. 노래를 외워서 부르다 보니 오히려 곡에 대한 이해도 더

빨랐습니다.

어느 날 친구들이 수경이에게 물었습니다.

"어떻게 하면 너처럼 곡을 잘 이해하고 노래 부를 수 있을까?"

"응, 그건 말이야…… 노래를 부르기 전에 가사를 먼저 여러 번 읽어. 마치 내가 작사가가 된 것처럼. 그리고 가사의 내용을 머릿속에서 상상하는 거야. 그러면 나도 모르게 노래에 푹 빠지게 돼."

노래를 잘 부르기 위해서는 정확한 음으로 소리 내는 것도 중요하지만, 가사에 담긴 감정을 얼마나 잘 전달하는가도 매우 중요합니다. 늘 열심히 연습하다 보니 수경이는 일찍이 그 사실을 깨달았던 것입니다.

수경이가 노래를 잘 부르게 된 것은 타고난 재능만큼이나 연습벌레였기 때문입니다. 수경이는 학교와 집에서 보통 하루 여덟 시간 이상 노래 연습을 했습니다. 다른 친구들이 쉴 때도 수경이는 피아노를 치면서 노래 연습을 했습니다. 연습을 하면 할수록, 수경이의 재능은 더욱 빛났습니다.

수경이는 아빠에게 물었습니다.

"아빠, 최고가 된 다음에는 누구와 라이벌이 되어야 해요?"

"최고가 된 다음에는 자기 자신과 싸워서 이겨야 해."

수경이는 조금씩 자기 자신과 싸울 준비를 해 나갔습니다. 어느새 최고가 되어 가고 있었기 때문입니다.

아파트에 귀신이 나타났다?

띵 - 동.

벨이 울리고 엄마가 현관문을 열자 이웃집 아주머니들 네댓 명이 서 있었습니다.

"어머, 안녕하세요? 어쩐 일이세요?"

"수경이 엄마, 미안한데. 오늘 같은 날은 수경이 연습 좀 안하면 안 될까?"

얼마 전 수경이는 단독주택에서 아파트로 이사를 했습니다. 새로 지어진 아파트는 생활하기가 무척 편리하고 좋았습니다. 그런데 한 가지 단점이 있다면 마음껏 발성 연습을 하기에 불편하다는 점이었습니다. 벽 하나를 사이에 두고 이웃집이 붙어 있기 때문입니다.

그날도 수경이는 학교에서 돌아오자마자 피아노 앞에서 발성 연습을 하고 있었습니다. 노래를 잘하기 위해서는 매일 발성 연습을 해야 합니다.

"성악을 한다고 하기에 얼마나 시끄러울까 했는데, 오늘은 좀 심하네."

"그래요. 오늘같이 비 오는 날은 거 뭐냐, 아 아 아– 하는 발성 연습만은 참아 줬으면 좋겠어."

아주머니들의 불평에 엄마는 머리를 조아리며 말했습니다.

"죄송합니다. 발성 연습은 매일 해야 하는 거라서요."

한 아주머니가 엄마의 말의 자르며 나섰습니다.

"아휴 그래도…… 비 오는 날은 제발 참아 줘요. 꼭 귀신 소리 같아서 말이야. 머리카락이 쭈뼛쭈뼛 선다니까."

맑고 화창한 날과는 달리 비가 추적추적 내리는 날 반음씩 고음으로 올라가는 발성 연습은 이웃 사람들이 가끔 귀신 곡소리로 착각하기도 한다는 것입니다. 하지만 발성 연습을 멈출 수는 없었습니다. 그래서 수경이와 엄마는 비 오는 날에는 소리가 새어 나가지 않도록 창과 벽을 이불로 막고 연습을 했습니다. 결국 얼마 지나지 않아 이웃 사람들도 수경이의 발성 연습 소리에 익숙해지게 되었습니다.

오늘날 조수미가 '신이 내린 목소리' 라는 찬사를 듣게 된 것

은 어릴 때부터 최고의 목소리를 유지하기 위한 발성 연습을 게으리하지 않았기 때문이랍니다. 이렇게 매일 발성 연습을 하던 습관이 몸에 배어서 지금도 아무리 몸이 지치고 힘들어도, 발성 연습만큼은 절대 거르지 않는다고 합니다.

새로운 선생님

고등학교 1학년 때였습니다. 유병무 선생님은 수업이 끝난 뒤 수경이를 불렀습니다.

"수경아, 이제 너한테는 네 재능을 더 크게 키워 줄 선생님이 필요한 것 같구나."

유병무 선생님은 서울대학교 음악대학에 계시는 이경숙 교수님에게 수경이를 추천해 주었습니다.

집으로 돌아오자 선생님으로부터 연락을 받은 엄마는 아직도 믿기지 않는 얼굴로 수경이에게 물었습니다.

"선생님 말씀이 사실이니?"

"네."

"이경숙 교수님은 우리나라 최고의 소프라노시잖아!"

이경숙 교수님은 워낙 유명하고 엄하기로 소문난 분이었습니다. 엄마는 그분이 수경이를 제자로 선뜻 받아 줄지 걱정이었습니다. 제자가 되고 싶어하는 학생들이 매일 같이 줄을 서서 오디션을 보고 있을 정도였기 때문입니다.

"그래, 망설일 것 없다. 당장 연락드리고 오디션을 보자."

엄마는 수경이를 위해서라면 무엇이든 미루는 법이 없었습니다. 다행히 이경숙 교수님도 수경이에게 관심을 가지고 있었습니다.

드디어 오디션 날이 되었습니다.

"자, 긴장하지 말고 평소 하던 대로 편안하게 노래를 해요. 기회를 여러 번 줄 수 없으니까, 충분히 심호흡을 하고 시작하세요."

처음 본 이경숙 교수님 앞에서 수경이의 가슴은 쿵쾅거렸습니다. 교수님이 편안하게 노래를 하라고 할수록 더욱 떨렸습니다. 수경이는 몇 번이나 심호흡을 하고 마음을 가다듬었습니다. 그리고 준비한 이탈리아 가곡을 몇 곡 불렀습니다.

"……."

노래를 끝내고 이경숙 교수님을 바라보았을 때 수경이는 가슴이 덜컥 내려앉는 것 같았습니다.

'내가 무슨 실수를 한 건가.'

이경숙 교수님의 표정에는 아무 변화가 없었기 때문입니다. 교수님이 무슨 말이든 해 주길 기다리는 수경이의 마음은 더욱

불안해졌습니다. 이윽고 이경숙 교수님이 입을 열었습니다.

"너는 틀림없이 세계적인 성악가가 될 거야."

교수님은 수경이에게 천천히 다가오시더니 수경이를 꼭 안아 주었습니다.

"감사합니다! 교수님."

교수님의 품속에서 수경이는 교수님의 두근거리는 심장 소리를 느꼈습니다. 그리고 우리나라 최고 소프라노의 제자가 된 수경이의 가슴도 쿵쿵 두근거렸습니다.

더 높게, 더 아름답게

그 뒤 수경이는 일주일에 한 번씩 이경숙 교수님의 수업을 받았습니다. 이경숙 교수님은 이탈리아, 독일, 프랑스의 가곡과 오페라 아리아를 가르쳐 주었습니다. 하지만 무엇보다도 수경이가 이경숙 교수님에게서 배운, 가장 소중한 것은 목소리를 내는 방법이었습니다.

"네가 올라갈 수 있는 최고의 음을 한번 내 봐."

"아…… 아……."

수경이는 자신의 목소리가 어디까지 올라갈 수 있는지 알게 되었습니다.

이경숙 교수님은 수경이와 함께 한 음, 한 음 목소리를 찾아냈습니다. 이제까지 수경이는 그냥 소리를 질러서 도달하는 음이 자기가 낼 수 있는 마지막 음이라고 생각했습니다. 그러나 사실은 그렇지 않았습니다.

"바닷가에서 조개를 주워 본 적 있니?"

어느 날 이경숙 교수님은 말했습니다.

"자신이 낼 수 있는 음을 찾는 일은 넓은 바닷가 갯벌에서 자신이 원하는 조개를 줍는 것과 같아."

바닷가에서 조개를 주워 본 사람은 정말 예쁜 조개 찾기가 얼마나 어려운지 잘 알 것입니다. 한나절쯤 바닷가를 헤매다가 마침내 너무나 예쁜 조개를 발견하는 것처럼, 자신이 낼 수 있는 음도 꼭 그렇게 찾아지는 것입니다.

자신이 낼 수 있는 더 높은 음을 찾아내는 기쁨이 어떤 것인지, 이제는 수경이도 알게 되었습니다.

이경숙 교수님은 돌멩이처럼 보이는 원석을 다듬어 찬란한 보석을 만들 듯 수경이를 이끌어 주었습니다. 그리고 수경이 자신이 바로 찬란한 보석이 될 사람이라는 것을 깨닫게 해 주었습니다.

훌륭한 소프라노 가수들 사이에도 라이벌이 있어요!

- 마리아 칼라스 VS. 레나타 테발디

마리아 칼라스

1923년에 미국에서 태어난 마리아 칼라스는 일곱 살 때 처음 음악을 시작했다고 합니다. 그 뒤 어머니와 함께 본격적인 음악 공부를 위해 뉴욕을 떠나 아테네로 갔습니다. 그리고 열여섯 살 되던 1940년에 주페의 오페레타 《보카치오》로 성공적인 데뷔를 합니다. 그 뒤 1977년 세계적인 소프라노가 되어 심장 마비로 죽기 전까지 많은 사람들의 사랑을 받았습니다. 마리아 칼라스는 한 편의 오페라 같은 일생으로도 유명합니다. 한때 마리아는 아무도 쳐다보지 않던 덩치 크고 못생긴 여자아이였답니다. 그런데 열심히 살을 빼고 노래 연습을 한 끝에 아름다운 외모를 갖춘 세계적인 소프라노로 변신했답니다. 그리고 세계적인 부자, 오나시스와 사랑에 빠지는 등 삶 자체가 한 편의 드라마였다고 하죠.

하지만 마리아 칼라스가 세계적인 소프라노로 기억되는 이유는 역시 듣는 이의 마음을 감동시키는 호소력 있는 목소리 때문이랍니다.

레나타 테발디

1922년 이탈리아에서 태어난 레나타 테발디는 어머니로부터 노래를 배웠습니다. 스물두 살 되던 1944년에 아리고 보이토의 《메피스토펠레》에서 엘레나 역으로 데뷔했습니다. 그밖에도 《라보엠》의 미미와 《나비부인》의 나비부인 역을 맡아 유명해졌답니다.

1950년대부터 1960년대는 레나타 테발디와 마리아 칼라스, 두 프리마돈나의 시대였습니다. 개성이 강한 마리아 칼라스에 비해 레나타 테발디는 부드럽고 정통적인 가창과 발성을 가지고 있었습니다.

레나타 테발디는 30년 동안 대표적인 이탈리아 리릭 소프라노로 이름을 날렸으며, 유연함과 호소력 있는 감정 표현으로 많은 사람들의 사랑을 받았답니다.

오페라는
어떻게 구성되어 있나요?

오페라는 등장인물이 대사의 전부 혹은 일부를 노래로 표현하는 극입니다. 뿐만 아니라 기악곡과 합창, 무용, 미술 등이 한데 어우러진 종합예술이에요. 오페라는 서곡, 간주곡, 독창, 아리아, 레치타티보, 중창, 합창 그리고 관현악으로 구성되어 있습니다. 이러한 요소들이 적절히 섞여야 더욱 재미있고 화려한 오페라가 된답니다.

서곡 막이 오르기 전에 연주하는 곡입니다. 오페라의 내용을 암시합니다. 아주 가끔 서곡 대신 전주곡을 연주하기도 합니다.

간주곡 막과 막 사이에 연주하는 곡입니다.

독창(솔로) 대부분 혼자 부르는 곡으로, 맡은 역에 따라

리하르트 슈트라우스의 오페라 《낙소스 섬의 아리아드네》

소프라노, 알토, 테너, 베이스 등으로 나뉩니다. 어떻게 부르는가에 따라 아리아와 레치타티보로 나뉩니다.

아리아 대부분 혼자 부르지만, 2중창일 때도 있습니다. 극이 최고조에 이르렀을 때 부르는 곡입니다.

레치타티보 대사를 말하듯이 부르는 노래입니다. 주로 주인공이 처한 상황, 이야기 전개를 설명할 때 사용합니다.

자코모 푸치니의 오페라 《마농 레스코》

중창(앙상블) 몇 명이 부르는가에 따라 2중창, 3중창, 4중창 등이 있습니다. 주요 배역의 사람들이 함께 부릅니다.

합창(코러스) 극 중에 많은 사람들이 모여서 힘차게 부르는 곡입니다.

관현악(오케스트라) 관악기와 현악기 등 여러 악기로 함께 연주하는 것입니다. 배우들의 노래 반주, 서곡이나 간주곡, 춤추는 장면에서 사용합니다.

5장

성악은 해서 뭐해!

실컷 놀고 싶어

"쟤가 이번에 음악대학 1등으로 들어왔다며?"

"그렇대. 실력이 대단한가 봐. 신입생인데도 벌써 모르는 사람이 없을 정도야."

1981년, 수경이는 서울대학교에 성악과가 생긴 이래 최고의 실기 점수를 받고 수석으로 입학했습니다.

"조수경!"

"네."

"아까 반주 들었던 부분, 한번 불러 봐요."

교수님들은 수업 시간이면 늘 수경이에게 시범을 보이게 했습니다.

"음, 역시 수석이라 뭐가 달라도 다르군!"

모두들 수경이의 노래 실력에 감탄했습니다. 그런데 수경이는 부모님과 교수님들의 기대, 친구들의 질투 섞인 눈초리가 오히려 갑갑하고 불편했습니다.

사실 수경이는 대학에 들어오기 전까지 잠자는 시간도 아껴가며 노래와 공부를 함께했습니다.

"수경이는 노래 실력도 좋고 공부도 잘하니까 서울대는 충분히 갈거야."

"그럼! 수경이가 서울대에 못가면 누가 가니?"

주위 사람들은 당연히 수경이가 우리나라 최고의 대학인 서울대학교에 갈 것이라고 생각했습니다. 부모님도 말은 안 했지만 서울대에 가기를 바라고 있었습니다.

수경이는 부모님과 주위 사람들의 기대를 저버리지 않기 위해 평소보다 몇 배의 노력을 기울였습니다. 하지만 아무리 노력해도 사람들의 기대는 부담이 되었습니다. 수경이의 마음은 하루도 편할 날이 없었습니다.

그 당시 대학 입학 시험은 예비고사와 본고사가 있었습니다. 예비고사에 합격해야만 원하는 대학에서 본고사를 치를 수 있었습니다. 음악은 음악대로 공부해야 하고 입학 시험 준비도 함께 해야 했습니다. 수경이는 음악에 대한 열정과 끼를 억누르고 대학 입학 시험에만 매달렸습니다.

드디어 수경이는 서울대학교에 합격하게 되었습니다.

하지만 그렇게 원하던 대학교의 학생이 된 수경이는 오히려 외로웠습니다. 수경이는 음악 외에는 별다른 취미도 없고 친구도 많지 않았습니다. 이제는 새로운 세상을 경험하고 싶었습니다. 대학 입시 때문에 그동안 참아 왔던 끼를 마구 발산하고 싶었습니다.

"실컷 놀고 싶어!"

수경이는 음악 이외의 다른 곳에 관심을 갖기 시작했습니다. 그러다보니 자연히 학과 공부와 멀어졌고 노래 연습 시간도 점점 줄었습니다. 대신 친구들과 어울려 미팅을 하고 춤을 추러 다니며 노는 것에 열심이었습니다.

"어머, 쟨 옷차림이 저게 뭐니?"

"그러게. 학교에 놀러 왔나 봐."

수경이는 고삐 풀린 망아지처럼 튀는 행동을 많이 했습니다. 결국 사람들로부터 음악대학 수석으로 입학할 때와는 다른 관심을 한 몸에 받게 되었습니다.

2학년이 된 어느 날이었습니다. 이경숙 교수님이 수경이를 불렀습니다.

"수경아, 이번에 음악대학에서 《피가로의 결혼》 공연을 준비하고 있는 거 알고 있니?"

"네, 알고 있어요. 그런데요……?"

"네가 오디션을 보면 어떨까?"

음악대학 공연 오디션을 보라는 말씀이었습니다.

수경이는 마지못해 오디션을 보았습니다. 그런데 생각지도 않게 주인공인 수잔나 역에 뽑혔습니다. 이제까지 음악대학 공연에서 2학년이 주인공을 맡은 적은 한 번도 없었습니다.

"뭐? 조수경이 수잔나 역에 뽑혔다고?"

"글쎄, 그렇다니까. 수업도 잘 들어오지 않고 놀기만 하는 애를 ……."

"그래도 노래는 잘하잖아."

"노래 좀 잘한다고 건방 떠는 것 같아 맘에 안 들어."

친구들은 연습을 많이 하지 않고도 노래를 잘하는 수경이를 건방진 아이라고 생각했습니다.

'벌써 밤이 늦었는데, 연습은 언제 끝나려나…….'

정작 수경이는 주인공 역을 하면서도 전혀 기쁘지 않았습니다.

밤늦도록 강당에서 공연 연습을 하면서도 수경이의 마음은 다른 곳에 가 있었습니다. 공연 연습보다는 얼마 전부터 사귀기 시작한 남자친구와 놀고 싶은 마음이 굴뚝같았습니다.

밤 열한 시가 넘도록 남자친구도 수경이의 공연 연습이 끝나기를 기다리고 있었습니다. 수경이도 연습하는 내내 시계만 쳐다보았습니다.

여자는 시집이나 잘 가면 된다고?

《피가로의 결혼》 공연이 끝났습니다. 대기실 밖에서 기다리던 남자친구가 수경이에게 꽃다발을 안겨 주었습니다.

"와! 네가 노래를 그렇게 잘하는지 몰랐는걸. 대단하다."

남자친구는 수경이의 노래 실력에 깜짝 놀란 얼굴이었습니다. 수경이는 뽐내는 표정으로 말했습니다.

"이제야 내 실력을 인정하는군. 난 세계적인 성악가가 될 몸이라고."

그러자 남자친구가 물었습니다.

"세계적인 성악가가 되려면 유학도 가야 하는 거 아냐?"

"꼭 그런 건 아니지만 유학을 가면 좋겠지. 왜? 내가 유학이라도 갈까 봐 겁나?"

속마음이라도 들킨 듯, 남자친구는 갑자기 손사래를 치며 말했습니다.

"아…… 아냐. 겁나기는……. 사실 여자가 힘들게 유학 가서 뭐하니……. 시집 잘 가서 남편이 벌어다 주는 돈으로 집이나 예쁘게 꾸미면 되지."

수경이는 순간 자신의 귀를 의심했습니다.

"뭐? 시집이나 잘 가면 된다고?"

수경이는 남자친구가 자신을 무시하는 것 같아 화가 났습니다. 하지만 남자친구가 수경이와 헤어지는 게 싫어서 그러는 거라고 생각하자 금세 기분이 풀어졌습니다.

수경이는 학교 공부에 점점 더 소홀해졌습니다. 수경이는 무엇이든 하나에 빠지면 그것만 하는 성격이었습니다. 누구를 사랑하고, 사랑받는 지금 이 순간이 수경이에게 가장 소중하고 행복했습니다. 그러다보니 학교 성적도 아주 나빠졌습니다.

수경이의 학교 성적을 알게 된 엄마는 큰 충격을 받았습니다.

"수경아, 너 왜 그러니? 이유가 뭐야?"

엄마는 재능 많고 똑똑한 딸이 남자친구 때문에 나쁜 길로 빠진 게 아닌가, 걱정이 돼서 견딜 수 없었습니다.

"공부고 노래고 다 때려치울 만큼 그 남학생이 좋니? 넌 앞으로 뭘 하고 싶니?"

엄마가 속상해 하는 모습에 수경이 역시 속상하고 미안했습니다. 하지만 마음과 다르게 엄마에게 대들고 말았습니다.

"난 결혼할 거예요! 이제 노래하기 싫다구요."

"뭐…… 뭐야?"

엄마는 한숨을 쉬며 주저앉았습니다. 엄마가 늘 상상하던, 멋진 무대에서 노래 부르는 수경이의 모습이 산산조각나는 것 같았습니다.

유학 가는 게 좋겠다

수경이는 부모님에게만 걱정을 끼친 것이 아니었습니다. 특히 고등학교 때부터 수경이를 가르쳐 온 이경숙 교수님은 걱정이

많았습니다.

"나가! 당장 나가!"

이경숙 교수님의 레슨 시간이었습니다.

"그렇게 노래할 거면 당장 나가!"

늘 수경이에게는 너그럽던 교수님이 수경이의 악보를 빼앗으면서 불같이 화를 냈습니다.

"네가 수업 전에 겨우 10분 연습하고 들어온다는 걸 내가 모

를 줄 알아? 언젠가 정신 차리겠지 하고 기다렸더니…… 이젠
도저히 안 되겠다.”

교수님 말씀이 맞았습니다. 수경이는 교수님이 난생처음 보는
어려운 노래를 하루 전에 과제로 내주어도 연습하지 않았습니
다. 수업 들어가기 직전에 한 번 쓱 불러 볼 뿐이었습니다. 그래
도 열심히 준비한 다른 학생들보다 더 정확하게 잘해냈습니다.
하지만 수경이를 잘 아는 이경숙 교수님은 수경이가 얼마나 노력을 하지 않고 자만심으로 가득 차 있는지 다 알고 있었던 것입니다.

수경이는 지금까지 타고난 재능과 노력으로 늘 최고의 자리에 있었습니다. 그래서 우리나라 최고의 대학에 들어왔지만 수업이 시시하게 느껴졌습니다. 더 잘하기 위해 연습할 필요도 없고, 더 이상 배울 것도 없다고 생각했습니다.

어느 날 이경숙 교수님이 수경이를 불렀습니다.

"아무래도 유학을 가는 게 좋겠어."

"네? 유학이라고요? 전 그럴 생각 없어요."

"벌써 네 어머니와 상담도 했어. 너에게는 새로운 목표가 필요해. 세계 무대에는 네가 도전할 일이 많을 거야. 넌 지고는 못 살잖니."

선생님은 수경이를 보고 살짝 웃었습니다.

"……."

왠지 수경이는 아무 말도 할 수 없었습니다.

"하루라도 빨리 떠나렴. 네 목소리는 세계 무대에 내놔도 손색없는 목소리야. 하느님이 주신 선물이라고!"

수경이의 마음속은 복잡해졌습니다. 이경숙 교수님의 말씀이 충분이 이해가 가면서도, 낯선 땅에 혼자 공부하러 가는 것은 두려웠습니다. 가족도, 남자친구도 모두 한국에 두고 떠나야 한다는 것이 싫었습니다.

세계적인 성악가의 길

며칠 뒤 수경이는 남자친구에게 유학을 가게 될지도 모른다는 얘기를 조심스럽게 꺼냈습니다. 남자친구는 조금 놀란 눈치였습니다.

"유학을 간다고?"

수경이는 생각이 정리되지 않아 남자친구와 의논을 하고 싶었습니다.

"부모님과 선생님이 유학 가래. 한국에 있으면 허송세월만 보낸다고……."

"……."

남자친구는 한동안 말이 없었습니다.

"왜 아무 말도 안 해?"

남자친구는 무겁게 닫혀 있던 입을 열었습니다.

"유학을 꼭 가야 한다면 그렇게 해야겠지……. 넌 잘해낼 거야."

뜻밖에도 유학을 가라는 남자친구의 대답에 수경이는 오히려 실망했습니다. 남자친구만은 수경이가 유학 가는 걸 반대할 줄 알았기 때문입니다. 하지만 조금 더 생각해 보니 얼마 전 《피가로의 결혼》 공연을 보고 난 뒤부터 남자친구가 좀 달라진 것 같았습니다. 아마 남자친구도 수경이가 가야 할 길이 자신과 다르다는 걸 깨달았던 게 아닐까 싶었습니다.

집으로 돌아온 수경이는 외로웠습니다. 절대 헤어질 수 없을 것 같았던 남자친구와 너무 쉽게 이별했기 때문입니다.

'평생 나와 함께할 수 있는 것은 무엇일까.'

밤새도록 뒤척이며 수경이는 생각하고 또 생각했습니다. 유학을 가는 일이 두렵기는 했지만 수경이 앞에 운명처럼 나타난 새로운 세상으로 보이기도 했습니다.

'네 목소리는 하느님이 주신 선물이야.'

수경이는 이경숙 교수님의 말씀을 떠올렸습니다.

'그래, 내가 진짜 하고 싶은 일, 해야 할 일은 그거야!'

수경이는 침대에서 벌떡 일어나 앉았습니다.

지금껏 공부를 게을리하고 놀았던 시간들이 후회되지는 않았습니다. 무엇에든 한번 빠져들면 열심히 해내는 자기 성격대로 실컷 놀았고, 그 안에서 기쁨과 슬픔, 행복과 외로움을 충분히 경험했기 때문입니다.

훌륭한 성악가는 노래를 잘 이해하고 노랫말에 맞는 감정을 잘 살려서 부르는 사람입니다. 누구보다도 열심히 놀며 새로운 것을 경험한 수경이는 이제 수많은 가곡들, 오페라의 아리아들을 자신만의 감정으로 잘 표현할 수 있으리라 생각했습니다.

'음악과 내 인생은 떼어 놓고 생각할 수 없어. 그래, 좀 더 큰 세상으로 가자. 용기를 내! 조. 수. 경!'

다음 날 수경이는 부모님에게 자신의 결정을 알렸습니다.

"엄마, 아빠, 저 유학 보내 주세요."

갑작스런 수경이의 결정에 부모님은 모두 어리둥절한 표정을 지었습니다. 그러다 곧 엄마가 먼저 함박웃음을 지으며 수경이를 꼭 끌어안았습니다.

"정말이니? 내가 그 말을 얼마나 기다렸는지 아마 넌 모를 거다. 내일 당장이라도 보내 주고 싶구나."

"잘 생각했다. 축하한다."

부모님은 수경이의 결정을 축하해 주었습니다. 이경숙 교수님도 무척 좋아했습니다.

"그래, 잘 생각했어. 어디로 갈지는 정했니?"

"아직 정하지 않았어요. 선생님께서 추천해 주시면 감사하겠습니다."

"음…… 어디가 좋을까? 그래, 이탈리아에 있는 산타체칠리아 음악원이 좋겠다."

이경숙 교수님은 유학에 필요한 많은 부분을 도와주었습니다.

선생님도 유학을 다녀왔기 때문에 무엇이 필요한지 잘 알고 있었습니다. 유학 준비는 빠르게 진행되었습니다.

하지만 너무나 갑작스런 결정이라 출발하기 3일 전까지 비행기 표를 구하지 못할 정도로, 유학 비용을 마련하기가 어려웠습니다. 수경이와 부모님은 어렵게 결정한 유학이 물거품이 되는 것은 아닌지 불안하기도 했습니다.

1983년 3월 28일. 수경이는 비행기 표와 약간의 생활비만을 가지고 이탈리아로 떠났습니다.

오페라와 친해지기 03

우리나라 창작 오페라를 알아볼까요?

1948년 처음으로 오페라 공연을 시작한 이래 우리나라 오페라도 많은 발전을 거듭했습니다. 우리나라 창작 오페라의 시작은 1950년 서울 시민회관에서 서울대학교 음악대학 주최로 공연한 현제명의 《춘향전》이었습니다. 우리나라에 오페라가 소개된 이래 단 2년 만에 우리가 직접 작곡한 오페라가 공연되었다는 사실은 매우 놀랄 만한 일이었습니다.
그 뒤 한국전쟁을 겪는 와중에도 김대현의 《콩쥐 팥쥐》, 현제명의 《왕자호동》, 김달성의 《자명고》, 장일남의 《원효대사》, 박재훈의 《에스더》, 홍연택의 《논개》를 공연했습니다. 그리고 1978년에는 판소리 창법을 서양 음악 발성과 접목시킨 김동진의 《심청전》도 공연했습니다. 오늘날에도 많은 오페라들을 우리가 직접 만들고, 공연하고 있답니다.

조수미가 대학 시절에 공연한

오페라 《피가로의 결혼》

볼프강 아마데우스 모차르트
(1756년~1791년)

《피가로의 결혼》은 모차르트의 수많은 오페라 중에서도 으뜸가는 걸작입니다. 《피가로의 결혼》의 원작인 보마르셰의 희곡 《미친 하루》는 당시 시대를 비판하는 시각이 강하게 나타나 있다고 해서 상연이 금지되었답니다. 이 작품이 모차르트의 천재적인 음악성과 만나 오페라로 재탄생하게 된 것입니다. 풍자와 해학이 넘치는 《피가로의 결혼》은 오늘날에도 여러 나라에서 자주 상연되고 있습니다.

♬ 줄거리

《피가로의 결혼》은 바람기 많은 백작, 알마비바로부터 약혼녀 수잔나를 지키려는 이발사 피가로의 이야기입니다. 피가로는 알마비바 백작과 백작 부인 로지나의 결혼에 많은 공을 세워 백작의 저택에 들어와 시종(하인)이 되었습니다. 그로부터 3년 뒤 백작과 백작 부인은 서로 서먹한 관계가 되었습니다. 그치지 않는 백작의 바람기 때문이지요.

피가로는 백작 부인의 시녀, 수잔나와 서로 사랑하는 사이로 곧 결혼을 앞두고 있었습니다. 그러나 백작은 온갖 야비한 방법으로 수잔나와 피가로의 결혼을 방해합니다. 수잔나를 유혹하려다가 거절당한 적이 있거든요. 백작은 수잔나에게 앙심을 품고 있었던 것입니다. 백작의 모략을 눈치챈 피가로와 수잔나는 백작 부인을 자기들 편으로 만들어 갖가지 방법으로 백작을 혼내 줍니다. 그리고 피가로와 수잔나는 순조롭게 결혼식을 치릅니다.

아마데우스 모차르트의 오페라 《피가로의 결혼》

6장

유학 생활은 너무 힘들어

용기 있는 선택

'드디어 도착했구나……'

늦은 밤 수경이는 로마에 도착했습니다. 로마는 이미 캄캄하고 비마저 추적추적 내리고 있었습니다. 로마의 첫인상은 낯설고 두렵기까지 했습니다. 게다가 마중 나오기로 한 사람이 보이질 않았습니다.

'왜 아무도 없지……'

수경이는 불안한 마음에 전화를 걸었습니다.

"미안해요. 갑자기 일이 생겨서 못 나갈 것 같아요."

그 사람의 목소리에는 미안함이 전혀 없었습니다. 전화를 끊고 나니 막막함에 눈물이 날 것만 같았습니다. 하는 수 없이 택시를 탔습니다. 하지만 택시 기사는 영어를 전혀 알아듣지 못했습니다. 어설픈 이탈리아어로 스페인 광장에서 가까운 호텔로 가자고 했습니다.

호텔에 도착한 수경이는 방에 짐을 던져 놓고는 밖으로 나왔습니다. 혼자라는 생각을 떨쳐버리려면 오히려 용감하게 먼저 나서야 한다고 생각했습니다. 비를 맞으며 광장과 골목길 이곳저곳을 걸었습니다. 한국에서 조수경이 공부하러 왔다고 로마 시내 곳곳에 알리기라도 하듯, 이탈리아 가곡을 나지막이 불러 보기도 했습니다.

한참을 걷다 보니 베네치아 광장에 이르렀습니다. 광장에는 전쟁에서 목숨을 잃은 군인들을 위로하기 위한 기념비가 세워져 있었습니다. 기념비 앞에는 두 개의 커다란 횃불이 빗속에서도 꺼지지 않고 활활 타오르고 있었습니다.

"앞으로의 내 인생도 이 불꽃처럼 타오를 거야."

수경이는 스스로에게 주문을 걸 듯 중얼거렸습니다. 그러자 신기하게도 더 이상 로마가 두렵지 않았습니다. 수경이는 주먹을 불끈 쥐었습니다.

로마의 여름

로마에 여름이 찾아왔습니다. 로마의 여름은 무척 덥습니다. 기온이 40도를 오르내리는데도, 한국과 달리 에어컨은커녕 선풍기도 구경하기 어려웠습니다. 7월과 8월이면 로마는 텅 빕니다. 모두들 더위를 피해 산과 바다로 떠나버리기 때문입니다. 시내에는 관광 온 외국 사람들만 가끔 보일 뿐이었습니다.

유학 생활을 하면서 '수경'이라는 이름을 외국 사람들이 발음하기에 편한 '수미'로 바꿨습니다. 조수미는 '마마'라고 불리는 이탈리아 할머니 집에서 생활하게 되었습니다.

"수미 조, 혼자 있어도 괜찮겠니?"

마마 할머니는 교외에 사는 딸의 집으로 휴가를 떠나면서 조수미에게 물었습니다. 조수미가 안쓰러웠던 것입니다.

"네, 문제없어요. 전 혼자서도 잘 지내는걸요."

이제 집에 혼자 남겨졌습니다. 조수미는 기지개를 켜며 소리쳤습니다.

"이야…… 자유다. 지금부터 내 마음대로 할 수 있다. 신난다!"

조수미는 무엇보다도 아무 때나 마음대로 노래를 부를 수 있다는 것이 즐거웠습니다. 하지만 이렇게 즐거운 것도 잠시였습니다. 며칠 지나지 않아 금방 외롭고 쓸쓸해졌습니다. 사람이 그리웠습니다. 심지어 마마의 잔소리까지 그리워질 정도였습니다.

하지만 조수미는 로마에 살고 있는 다른 사람들처럼 휴가를 떠날 수 없었습니다. 생활비도 빠듯한 데다 이탈리아어 공부를 하루도 빼먹을 수 없었기 때문입니다.

로마의 날씨는 무척 변덕스러웠습니다. 햇볕이 쨍쨍 내리쬐다가도 갑자기 비가 오곤 했습니다. 조수미는 때로는 비를 맞고, 때로는 뜨거운 뙤약볕을 받으면서 매일 같이 어학원을 다녔습니다.

"다녀왔습니다. 아! 모두 휴가 가고 나밖에 없지……."

수미는 텅 빈 집에서 혼자 노래를 불렀습니다. 쓸쓸해도 노래하고 외로울 때도 노래를 불렀습니다. 눈물을 흘리면서도 노래를 불렀습니다. 지치고 힘들어도 노래를 멈출 수 없었습니다. 어느덧 노래는 조수미의 전부가 되어버렸습니다.

힘든 유학 생활 가운데서도 조수미에게는 즐거움이 하나 있었습니다. 바로 한국에 있는 어머니에게 전화하는 일이었습니다.

"수미니? 잘 지내고 있지?"

수화기 너머로 어머니의 목소리가 들려오면 어느새 눈시울이 붉어졌습니다. 그리고 집 안 구석구석의 풍경, 거실에서 신문을 보는 아버지의 모습, 동생들의 모습이 눈앞에 펼쳐졌습니다. 애써 웃으며 전화를 끊고는 돌아오는 버스 안에서 많이 울곤 했습니다.

한국에 전화를 하려면 버스를 타고 40분쯤 떨어진 국제 전화국까지 가야 합니다. 하지만 조수미에게 이보다 더 큰 즐거움은 없었습니다.

눈물의 미역국

어느 날, 이경숙 교수님으로부터 편지가 왔습니다.

"수미야, 보렐리 교수님 한 분에게 매달리지 말고 좋은 선생님을 찾아보는 건 어떻겠니? 직접 무대에 서는 소프라노에게 배우는 게 좋을 것 같은데."

산타체칠리아 음악원에서 조수미는 보렐리 교수님에게 레슨을 받고 있었습니다. 그런데 보렐리 교수님은 소프라노가 아닌 메조소프라노였습니다. 조수미도 소프라노 선생님에게 배우는 것이 좋겠다고 생각했습니다.

"안녕하세요? 한국에서 온 수미 조입니다."

"오, 반가워요. 당신 목소리가 무척 아름답다는 건 이미 알고 있었어요. 우리 앞으로 잘해 봐요."

수소문 끝에 로마 시립 오페라극장 소프라노인 발렌티니 선생님을 만나게 되었습니다. 조수미는 보렐리 교수님과 발렌티니 선생님, 이렇게 두 명의 선생님에게 레슨을 받게 되었습니다. 선생님들은 레슨 때마다 서로 다른 곡을 과제로 내주었기 때문에 조수미는 하루에 다섯 시간은 연습을 해야 했습니다. 게다가 학교에서 다른 과목도 공부해야 했고 어학원도 다녀야 했습니다. 하루에 잠잘 수 있는 시간이 네 시간밖에 안 되었습니다. 그렇게 바쁜 유학 생활이 계속되었습니다.

그러던 어느 날, 조수미는 길에서 그만 정신을 잃고 쓰러지고 말았습니다. 의식을 회복한 조수미에게 의사는 심각한 표정으로 말했습니다.

"이 몸으로 어떻게 살았습니까? 정밀 검사를 받아 보는 게 좋겠습니다."

조수미는 겁이 났습니다.

'이러다 노래도 제대로 못해 보고 죽는 게 아닐까.'

용기와 자신감만으로 버티기엔 유학 생활이 너무 힘들었던 것입니다. 늘 바쁘고 넉넉하지 못한 형편에 제대로 자지도 먹지도 못했던 것입니다.

간신히 집에 왔지만 먹기만 하면 다 토했습니다. 병원에서는 더 큰 병원으로 가야 한다고 했습니다.

"위염에 빈혈이 심각합니다. 보름 동안은 아무것도 하지 말고 푹 쉬면서 영양 섭취를 잘해야 합니다.”

“그럼……. 노래는요?”

“노래요? 노래도 건강해야 부를 수 있죠.”

하지만 조수미는 병원에 입원해 있을 수만은 없었습니다. 다행히 같은 한인교회에 다니는 언니의 도움으로 그나마 회복할 수 있었습니다.

어느덧 조수미의 스물두 번째 생일이 다가왔습니다. 로마에 와서 첫 번째 맞는 생일이었습니다. 하지만 미역국을 끓여 줄 어머니도 없었고, 축하해 줄 아버지와 동생들도 없었습니다. 한국이 그립고, 가족들이 보고 싶어서 밤새도록 울었습니다.

“수미야, 오늘이 네 생일이지?”

퉁퉁 부은 눈으로 학교에 간 수미에게 한국인 유학생 언니가 물었습니다.

“어떻게 아셨어요?”

언니는 생긋 웃으며 말했습니다.

“나도 유학 와서 처음 맞은 생일날 아침에 너처럼 눈이 퉁퉁 부었거든. 우리 집에 기지. 내가 미역국 끓여 줄게.”

학년이 달라 평소에는 자주 만나지 못하던 언니였지만 오늘만큼은 친언니처럼 느껴졌습니다. 언니는 정성껏 미역국을 끓여 주고 불고기까지 구워 주었습니다.

"고마워요. 언니……."

조수미는 눈물이 왈칵 쏟아졌습니다. 언니는 울고 있는 조수미의 어깨를 다독이며 말했습니다.

"유학 와서 첫 생일에는 누구나 다 그래. 하지만 내년부터는 너도 혼자 맞는 생일이 익숙해질거야. 힘내."

조수미는 언니의 위로를 들으며 더 씩씩하게 유학 생활을 해내리라 마음먹었습니다.

오페라 가수가 되려면 어떻게 해야 하나요?

오페라 가수가 되려면 예술고등학교나 음악대학에 진학하거나 자신의 실력을 검증 받기 위한 각종 콩쿠르에 나가야 합니다. 우리나라의 콩쿠르는 보통 대학교에서 주최하는 것과 각종 언론사, 음악 단체 그리고 정부에서 주최하는 것으로, 일 년에 열 번 정도 기회가 있습니다. 콩쿠르에 입상을 하면 성악가로서의 길이 열리게 된답니다.

하지만 무엇보다도 오페라 가수가 되려면 목소리가 아주 중요합니다. 발성에 무리 없는 호흡법을 익혀 자연스럽고 아름답고 강한 목소리를 만들어야 합니다. 또한 솔페주(악보를 도·레·미·파·솔·라·시의 7개 음절로 부르는 연습법)를 잘 공부하여 다른 사람들과의 중창이나 오케스트라와의 협연에 지장이 없도록 기초를 잘 닦아야 합니다. 튼튼한 기초를 바탕으로 자기 목소리에 맞는 역을 찾아 열심히 연습하는 것도 또한 중요합니다. 한 사람이 오페라의 모든 역할을 다 할 수는 없기 때문이지요. 그리고 오페라는 종합예술이기 때문에 춤과 연기, 무대 장치 등도 공부해야 한답니다.

오페라도 각양각색,
종류가 많아요!

가에타노 도니체티의 오페라 《사랑의 묘약》

오페라에는 슬픈 결말을 맺는 이야기가 많습니다. 이것을 '비극'이라고 하지요. 우리가 보통 '오페라'라고 하는 것은 원래 비극 오페라를 가리키는 오페라 세리아랍니다. 그리고 비극이 아닌 오페라를 오페라 부파라고 하지요.

오페라 세리아 대체로 비극적인 내용에, 규모가 큰 이탈리아 오페라입니다. 신화나 고대 영웅 이야기를 다룹니다.

오페라 부파 유쾌하고 규모가 작은 이탈리아 오페라로서, 주로 서민 생활이나 연애를 소재로 합니다. 로시니의 《세비야의 이발사》가 여기에 속합니다.

오페라 코미크 익살스러운 프랑스 오페라입니다. 그런데 반드시 희극적인 내용이 아니더라도 음악 사이에 대화와 독백으로 이루어진 오페라를 말하기도 합니다. 비제의 《카르멘》이 여기에 속해요.

윌리엄 셰익스피어 원작, 주세페 베르디의 오페라 《멕베스》

그랜드 오페라 합창을 중요하게 다루고, 발레를 넣은 프랑스 오페라입니다. 베를리오즈의 《트로이 사람들》이 대표작입니다.

오페레타 가볍고 익살스러운 내용으로, 대사와 노래와 무용이 들어갑니다. 오케스트라도 소규모인 작은 오페라입니다. 요한 슈트라우스의 《박쥐》가 유명하죠.

오페라 부프 오페라 부파와 비슷한 프랑스 오페라입니다. 대화 부분에 대사를 사용합니다.

징슈필 독일의 민속적인 연극으로, 노래가 많고 대사도 포함됩니다. 코믹하고 익살스러운 내용을 지닌 것이 특색입니다. 모차르트의 《마술피리》도 징슈필 형식이랍니다.

7장

마침내 세계 무대에 선 날

거울 보고 노래하기

"수미 조, 잠깐만 볼 수 있을까요?"

발렌티니 선생님의 남편이 레슨을 마치고 돌아가려는 조수미를 불렀습니다.

선생님의 남편은 조수미가 벨리니의 오페라 《몽유병 여인》을 연습하는 모습을 세심하게 지켜보았습니다. 그는 바리톤이 전공이며 피렌체 대학에서 학생들을 가르치고 있었습니다.

"수미 조, 거울 보고 노래한 적 있어요? 노래할 때 입이 많이 비뚤어져서 보기 싫어요."

"네? 입이 비뚤어지다니요?"

"고음에서 특히 심해요. 발성에 문제가 있는 것 같아요."

조수미는 깜짝 놀랐습니다. 그러고보니 노래하는 자신의 얼굴을 본 적이 한 번도 없었습니다. 하지만 산타체칠리아 음악원의 보렐리 교수님은 자신의 입 모양을 지적한 적이 한 번도 없었습니다. 보렐리 교수님은 그저 '브라보'하며 칭찬을 아끼지 않았습니다.

조수미는 집에 와서 거울을 보며 노래를 해 보았습니다. 그런데 정말로 입이 비뚤어졌습니다.

"이상하네…… 말할 때는 멀쩡하던 입이 왜 고음으로 올라가

면 비뚤어지지?"

조수미는 골똘히 생각에 잠겼습니다. 아무리 생각해 봐도 노래할 때 입이 비뚤어지는 이유를 알 수 없었습니다.

그러던 어느 날, 조수미의 머릿속에 음악원에서 함께 공부하는 친구들의 입 모양이 떠올랐습니다. 조수미도 친구들이 노래 부를 때 입이 비뚤어져서 이상하다고 생각했던 적이 있었습니다.

"아! 보렐리 교수님!"

그때 보렐리 교수님의 입 모양이 생각났습니다. 보렐리 교수님은 젊었을 때 얼굴을 크게 다쳐서 입 모양이 평소에도 조금 비뚤어져 있습니다. 그런데 조수미를 비롯한 학생들이 교수님의 노래 부르는 모습을 따라하다 보니 자신들도 모르게 입이 비뚤어졌던 것입니다.

조수미는 입 모양을 바로잡기 위해 매일 거울을 보며 연습했습니다. 하지만 입 모양은 좀처럼 바로잡히지 않았습니다.

입 모양을 바로잡기 위해 몇 시간째 거울을 보며 노래하던 어느 날이었습니다.

"이 시원한 느낌은 뭐지?"

갑자기 가슴이 뻥 뚫리고 온몸이 시원해지는 느낌이 들었습니다. 조수미는 노래를 계속하면서 거울을 들여다보았습니다. 어느새 입 모양이 제대로 돌아와 있었습니다.

"노래는 하품하듯이 해야 한다."

선화예술학교 유병무 선생님의 말씀이 생각났습니다.

소리는 목과 배에서 나오는 것이 아니라, 몸 전체가 내는 것입니다. 입 모양이 제대로 되자 목뿐만 아니라 몸 전체가 열리는 것 같았습니다. 그리고 온몸이 쩌렁쩌렁 소리가 울리는 팽팽한 공이 된 것 같았습니다. 조수미는 너무나 신기하고 기쁜 마음에 자꾸 소리를 내 보았습니다. 예전에는 잘 나오지 않던 높은음도 이제는 아주 편하게 낼 수 있었습니다.

가수가 높은음에 신경 쓰느라 얼굴을 찡그리거나 입 모양이 일그러지면 관객들은 편안하게 노래를 들을 수 없습니다. 듣는 사람이 불편하면 아무리 아름다운 목소리도 더 이상 아름답게 들리지 않는다는 것을 조수미는 깨달았습니다.

국제 콩쿠르

"보렐리 교수님이 국제 콩쿠르 참가 준비를 하라고 하는데 어떻게 하면 좋을까요?"

어느 날 조수미는 발렌티니 선생님에게 물었습니다.

발렌티니 선생님은 잠시 생각에 잠겼다가 대답했습니다.

"음…… 일단은 리트와 샹송을 배울 곳이 없으니 이탈리아에서 열리는 콩쿠르만 참가하는 것이 좋겠어요."

발렌티니 선생님은 오페라만으로 참가할 수 있는 이탈리아 콩쿠르에서 입상을 한 뒤 국제 콩쿠르에 참가해도 늦지 않을 것이라고 했습니다.

국제 콩쿠르에 참가하려면 오페라뿐만 아니라 오라토리오나 독일어로 된 리트, 프랑스의 샹송도 부를 수 있어야 합니다. 하지만 이탈리아에서 리트나 샹송을 배우는 건 무척 어려운 일이었습니다. 가르쳐 줄 선생님이 거의 없기 때문입니다.

조수미는 발렌티니 선생님 말씀대로 이탈리아 콩쿠르에 참가하기로 했습니다. 밤낮으로 열심히 연습해서, 1984년 6월 산타 체칠리아 음악원에서 발표회를 가졌습니다.

발표회를 마치고 조수미는 심한 감기를 앓았습니다. 그리고 일주일 만에 학교에 가게 되었습니다. 오랜만에 만난 친구가 조수미를 반겨 주었습니다.

"수미 조, 감기는 이제 다 나은 거야?"

"고마워. 이젠 멀쩡해."

"다행이야. 그런데 수미 조를 찾아온 사람이 있어."

조수미를 찾아온 사람은 존 스케넬이라는 독일 사람이었습니다. 현대 음악 작곡가인 스케넬은 젊은 음악가를 발굴하고 무대를 마련해 주는 역할도 하고 있었습니다.

"수미 조, 당신의 발표회를 봤는데 굉장했어요. 매우 뛰어난 이탈리아식 벨칸토 창법을 구사하더군요. 너무나 감동적이어서 눈물을 흘렸습니다."

조수미는 스케넬과 이런저런 이야기를 나누었습니다. 며칠 뒤 스케넬은 오스트레일리아의 소프라노인 마거릿 베이커를 소개해 주었습니다.

"스케넬과 함께 수미 조의 노래를 들었어요. 수미 조가 국제 콩쿠르에 나갈 수 있게 도와주고 싶어요."

마거릿은 독일어와 프랑스어에 능통한 오스트레일리아 사람이었습니다. 이탈리아에서 독일어, 프랑스어, 영어 노래를 가르치고 있는 마거릿은 특히 리트에 뛰어난 소프라노였습니다.

조수미가 국제 콩쿠르에 나가려면 마거릿에게서 리트와 샹송을 배워야 했습니다. 레슨이 너무 많은 건 아닐까, 조수미는 고민에 빠졌습니다. 지금보다 잠을 더 줄여야 할지도 모릅니다. 하지만 꼭 필요한 레슨이었습니다.

'다시는 이런 기회가 오지 않을지 몰라. 한번 해 보는 거야. 힘내라! 조. 수. 미!'

조수미는 자신에게 몇 번이고 다짐을 했습니다.

마거릿은 열성적으로 조수미를 가르쳤습니다. 발성과 노래, 음악 해석에 이르기까지 오페라 이외의 노래에 대한 시야를 틔워 주었습니다. 스케넬도 레슨이 끝나면 한 시간씩 독일어 발음을 교정해 주었습니다.

조수미는 드디어 핀란드 콩쿠르에 참가하게 되었습니다. 조수미의 노래는 큰 호평을 받았습니다. 신문과 텔레비전에서는 조수미를 최연소 참가자로서 가장 강력한 우승 후보라고 소개했습니다. 주위의 반응에 조수미는 자신감이 생겼습니다.

'나도 우승할 가능성이 있구나.'

드디어 결과가 발표되었습니다. 그런데 '조수미'라는 이름은 찾을 수 없었습니다.

"말도 안 돼. 수미 조가 1등이 아니라니."

조수미의 주위 사람들은 흥분을 감추지 못했습니다.

다음 날 신문에는 "가장 충격적인 일은 한국의 소프라노 수미 조가 우승자가 되지 않았다는 사실이다."라는 기사가 실렸습니다. 신문들도 심사 결과에 의문을 제기했던 것입니다.

조수미도 이번 심사 결과를 받아들일 수 없었습니다. 그래서 참다 못해 심사위원장을 찾아갔습니다.

"심사 결과가 도저히 이해되질 않습니다."

조수미는 왜 그런 결과가 나왔는지 알려 달라고 했습니다.

"핀란드 학생만큼 베르디나 푸치니를 제대로 노래하는 사람이 있을까요? 당신도 베르디나 푸치니를 공부하려면 핀란드로 와야 할 겁니다."

심사위원장은 빈정거리는 표정으로 말했습니다. 조수미는 절망하고 말았습니다.

노래는 아름다운 거야

조수미는 한동안 피아노 앞에 앉지 못했습니다. 핀란드 콩쿠르 생각만 하면 기운이 쭉 빠져서 아무것도 할 수 없었기 때문입니다. 그러던 어느 날, 조수미는 어머니로부터 편지 한 통을 받았습니다.

"나는 너에게 한 번도 1등을 하라고 말한 적이 없단다. 수미야, 노래는 아름다운 거야. 상처받은 사람들의 영혼을 위로하고 쓰다듬는 게 노래란다. 1등을 하지 못해 질투하는 마음으로 부르는 노래는 거짓일 거야. 항상 아름다운 마음으로 노래를 한다면 최고가 아니고 1등이 아니어도 좋다. 엄마는 우리 딸이 아름다운 노래를 한다면 그걸로 충분해."

조수미는 어머니의 편지에 다시 용기를 얻었습니다. 이제는 오직 실력을 쌓는 길밖에 없다고 생각했습니다. 그래서 어느 때보다 더 열심히 노력했습니다.

1985년 조수미는 나폴리 존타 콩쿠르에서 우승을 차지하면서 세계 무대에 두각을 나타내기 시작했습니다. 그 뒤로 시실리 에나 국제 콩쿠르 1위, 베르첼리 비오티 국제 콩쿠르 1위, 바르셀로나 비냐스 국제 콩쿠르 1위, 베로나 국제 콩쿠르 1위 등 다섯 개의 국제 콩쿠르에서 차례로 우승을 차지했습니다. 그리고 두 번의 월반을 거쳐 산타체칠리아 음악원을 2년 반만에 졸업했습니다.

1986년 10월 26일은 조수미에게 평생 잊을 수 없는 날입니다. 조수미는 잠시 뒤에 오페라 《리골레토》의 주인공, 질다 역으로 꿈에 그리던 세계 무대 데뷔를 앞두고 있습니다. 이탈리아 트리에스테 베르디극장의 분장실 거울 속에는 화관을 쓴 청순한 소녀 질다가 앉아 있었습니다.

"수미, 첫 무대인데 떨리지 않아요?"

스태프 중 한 명이 지나기다 조수미에게 물었습니다. 조수미는 어깨를 으쓱하며 웃어 보였습니다.

"네, 괜찮아요."

"와, 이렇게 강심장인 소프라노는 처음 보네. 아무튼 잘해요."

마침내 막이 올랐습니다. 오페라의 시작을 알리는 오케스트라 연주가 울려 퍼졌습니다. 연초록색의 드레스를 입은 조수미는 천천히 무대로 걸어 나갔습니다. 이 순간 조수미는 없습니다. 오직 리골레토의 딸, 청순한 질다만 무대에 남았습니다.

《리골레토》의 3막에서 질다가 아버지 리골레토의 품에 안겨 죽는 마지막 장면에서 조수미는 어느새 관객의 마음을 사정없이 뒤흔들어 놓고 있었습니다. 막이 내리자 천둥 같은 박수 소리가 쏟아졌습니다. 조수미의 데뷔 무대는 대성공이었습니다.

 음악가와 친해지기 01

오페라의 아버지, 푸치니

푸치니는 조상 대대로 교회 음악의 전통을 이어받은 음악가 집안에서 태어났습니다. 푸치니는 어릴 때 음악적 재능을 발휘한 것은 아니었지만, 어머니의 격려, 그리고 아버지의 제자 안젤로니 선생님의 훌륭한 지도로 재능을 키워 갔습니다.

푸치니는 피사에서 상연된 베르디의 《아이다》를 보고 큰 감명을 받은 뒤 오페라에 전념하기로 결심하고 첫 오페라 《빌리》를 작곡합니다. 그 뒤 《마농 레스코》, 《라보엠》, 《토스카》, 《나비부인》 등 오페라들을 작곡하여 큰 성공을 거두고 세계적인 오페라 작곡가로서 지위를 굳히게 됩니다. 1924년, 《투란도트》를 오페라로 만드는 작업을 하던 푸치니는 심장마비로 세상을 떠났습니다.

《라보엠》, 《토스카》, 《나비부인》은 푸치니의 3대 명작으로 오늘날에도 세계적인 사랑을 받고 있습니다. 푸치니는 오페라의 주인공으로 서민이나 불행한 여성을 등장시켜 일반 청중들에게 많은 공감과 감동을 준 오페라의 대가입니다.

조수미가 레슨 받았던

오페라《몽유병 여인》

빈첸초 벨리니(1801년~1835년)

《몽유병 여인》은 벨리니가 1831년에 작곡한 오페라 입니다. 스위스의 시골 마을을 배경으로 일어나는 이야기로, 벨리니의 대표적인 작품이에요. 벨리니는 19세기 초반 이탈리아의 대표적인 작곡가입니다. 오페라 《몽유병 여인》은 '몽유병' 이라는 특이한 소재 때문에 더욱 많은 인기를 얻었다고 합니다.

♬ 줄거리

스위스 어느 마을의 광장에서 아름다운 소녀 아미나와 부유한 농부 에르비노의 결혼식이 한창입니다. 축하의 합창이 흐르고 아미나와 에르비노가 결혼 서약을 합니다. 그때 남루한 군복을 입은 로돌포 백작이 나타납니다. 그는 날이 저물어 여관에서 자고 가려고 이 마을에 들른 것입니다. 그런데 로돌포는 아미나의 아름다움에 반해, 그녀에게 인사를 건넵니다. 그러자 에르비노는 질투가 나서 아미나를 나무라고 둘은 다투게 됩니다.

한편 로돌포 백작의 여관방에 인기척이 나는가 싶더니 잠시 뒤 흰 잠옷을 입고 머리를 길게 늘어뜨린 여자 유령이 나타났습니다. 그 유령은 다름 아닌 몽유병 환자, 아미나였습니다. 아미나는 잠이 든 상태로 매일 밤 마을을 돌아다녔던 것입니다. 물론 마을 사람들은 아무도 이 사실을 몰랐습니다. 그런데 백작을 찾아온 마을 사람들과 에르비노는 아미나가 로돌포의 침대에서 자고 있는 것을 발견합니다.

빈첸초 벨리니의 오페라 《몽유병 여인》

잠에서 깬 아미나는 자기도 모르겠다고 변명하지만, 에르비노는 아미나의 손에서 결혼반지를 빼앗고 파혼을 선언합니다. 아미나는 양어머니 품에 쓰러지고, 아미나 때문에 화가 난 에르비노는 자기를 좋아하던 리사에게 청혼을 합니다. 로돌포 백작은 아미나가 몽유병 환자임을 에르비노에게 설명합니다. 하지만 몽유병이 무엇인지 모르는 에르비노는 로돌포 백작의 말을 믿지 않습니다. 그때 양어머니 품에 쓰러져 잠들었던 아미나가 잠든 채로 꿇어 앉아 에르비노를 위해 기도를 합니다. 결국 에르비노는 아미나에게 용서를 구하고, 두 사람은 결혼을 서두릅니다.

8장

시련은 한꺼번에 찾아온다

행복 끝에 오는 불행

데뷔 무대를 성공적으로 마친 조수미에게 많은 변화가 생겼습니다.

첫 공연이 끝난 다음 날 아침, 신문에는 조수미의 사진과 공연평이 실렸습니다.

"수미 조는 신인 소프라노라고 하기에는 믿을 수 없는 환상적인 목소리와 노련한 연기를 보여 주었다."

많은 사람들이 하루아침에 스타가 된 조수미를 알아보았습니다. 그것뿐이 아니었습니다.

이탈리아 베로나에서 봄에 공연할 오페라 《리골레토》의 질다 역을 맡아 달라는 요청을 받았습니다. 남아프리카공화국 12개 도시 순회 독창회도 열기로 했습니다.

조수미는 구름 위를 걷는 것 같았습니다. 이런 생애 최고의 기쁨을 가족들과 함께 나누고 싶었습니다. 1986년 12월, 조수미는 한국으로 향했습니다. 김포공항에는 가족들이 모두 나와 환영해 주었습니다.

"수미야, 얼마나 고생이 많았니?"

"엄마! 아빠!"

공항 한복판에서 조수미와 가족들은 서로 부둥켜안고 눈물을 흘렸습니다.

3년 만에 만난 가족들은 그대로였습니다. 하지만 조수미는 마치 20년은 떠나 있었던 것처럼 반가웠습니다. 가족들과 함께 크리스마스와 새해를 보냈던 일도 아득하게 먼 옛날 일 같았습니다. 조수미는 간절한 소원이 이루어진 것처럼 행복했습니다.

조수미는 마치 개선장군이 된 것 같았습니다. 힘든 유학 생활을 잘 견뎌낸 자기 자신에 대한 자랑스러움이 컸습니다. 조수미는 그동안 겪은 유학 생활과 데뷔 무대 이야기, 앞으로 예정되어 있는 공연 이야기들로 가족들과 밤새도록 도란도란 이야기를 나누었습니다.

1987년 새해가 밝았습니다. 이제 로마로 돌아가야 하는데, 조수미는 독감에 걸리고 말았습니다.

"추운 날씨에 너무 무리를 했나 보다."

어머니는 걱정스러운 얼굴로 조수미의 곁을 지키며 돌봐 주었습니다.

"콜록 콜록……. 걱정 마세요. 내 몸이 이탈리아의 겨울에 익숙해져서 그런가 봐요……."

이탈리아의 겨울은 영하로 내려가지 않습니다. 한국의 늦가을처럼 그저 쌀쌀한 날씨입니다. 그에 비해 한국의 겨울은 영하 10도를 넘나들었습니다. 어느새 이탈리아의 겨울에 익숙해졌는지 서울의 겨울은 조수미에게 너무 추웠습니다.

"어떻게 하니? 이제 곧 로마로 가야 할 텐데……."

"괜찮아요. 로마로 돌아가면 나을 거예요."

조수미는 며칠 뒤 로마에 도착했습니다. 며칠째 겨울비가 그칠 줄 모르고 계속 내렸습니다. 그런데 금방 나을 줄 알았던 감기는 점점 심해졌습니다. 설상가상으로 감기는 기관지염까지 일으켰습니다.

"의사 선생님, 공연 날짜가 얼마 남지 않았어요. 그때까지 다 나을 수 있겠죠?"

"공연이라뇨? 말도 안됩니다. 지금 아주 심각한 상태예요. 노래는 물론 말도 하지 말아야 합니다."

조수미의 바람과는 상관없이 공연 날짜는 점점 다가오고 감기와 기관지염도 점점 심해졌습니다. 결국 베로나에서 공연할 예정이었던 오페라 《리골레토》의 질다 역은 리허설 이틀 만에 포기하고 말았습니다.

이번엔 곧 다가올 남아프리카공화국 12개 도시 순회 독창회가 문제였습니다. 의사는 공연을 취소하라고 했습니다. 그러나 남아프리카공화국 공연은 어떻게 해서든 꼭 하고 싶었습니다.

의사의 만류에도 불구하고 조수미는 남아프리카공화국으로 떠났습니다. 첫 독창회 공연은 요하네스버그에서 열렸습니다.

'어떡하지? 목소리가 쉰 것 같은데. 아, 아…… 괜찮아지겠지.'

하지만 공연 1부가 끝나자 목에 이상이 생겼습니다. 결국 2부가 시작되고 얼마 지나지 않아 노래를 더 이상 할 수 없게 되었습니다. 숨 쉬기도 어려웠습니다. 하지만 공연을 중간에 멈출 수는 없었습니다. 조수미는 이를 악물고 공연을 끝까지 마쳤습니다.

공연이 끝나자마자 조수미는 요하네스버그에서 제일 유명하다는 의사를 찾아갔습니다.

"이거 심각한데요. 위 입구와 횡격막 사이에 작은 구멍이 뚫렸어요. 수술을 해야 합니다."

"네? 무슨 말씀이세요? 그냥 목이 부은 것이 아니고요?"

"아닙니다. 그것보다 더 심각해요. 수술을 받아야 합니다."

하늘이 무너지는 것 같았습니다. 이제 막 세계 무대에 데뷔해 발판을 닦으려는 때에 이런 일이 생기다니…….

"선생님, 수술 아니고는 다른 방법이 없나요?"

조수미는 공연을 무사히 마칠 수 있는 방법을 알려 달라고 의사에게 막무가내로 매달렸습니다. 의사는 몹시 난처한 표정을 짓다가 어렵게 입을 열었습니다.

"공연 끝날 때까지 버틸 수 있는 약이 있긴 한데……. 장담할 수는 없습니다."

조수미는 의사가 처방한 약을 먹고 공연을 계속했습니다. 약을 먹으니 감기와 기관지염 증상이 조금은 나아진 것 같았습니다. 그런데 그날 밤부터 도무지 잠을 잘 수가 없었습니다.

두 번째 독창회 공연 전날 밤, 조수미는 밤새 심장이 발딱거리고 온몸이 공중에 붕붕 뜨는 것 같았습니다. 호텔 방 안에서 밤새도록 서성거렸습니다. 아무래도 약 때문인 것 같았습니다.

다음 날 공연은 어떻게 했는지 기억이 잘 나지 않을 정도로 힘들게 마쳤습니다.

"수미 조, 온몸이 불덩어리예요."

공연을 도와주는 스태프가 조수미의 몸을 만져 보더니 깜짝 놀랐습니다. 조수미는 열이 40도를 오르내렸습니다. 입천장이 붓고 목은 완전히 잠겼습니다. 남은 공연은 취소할 수밖에 없었습니다.

"하느님도 세상도 나를 버린 거야."

조수미는 하늘을 원망했습니다. 계속 아프기만 하는 자기 자신도 의사 선생님도 모두 원망스러웠습니다. 도저히 믿을 수 없는 나쁜 일들이 계속 일어나고 있는 것입니다.

나는 할 수 있어!

며칠이 지나자 어느 정도 열이 내렸습니다. 조수미는 간신히

비행기를 타고 로마로 돌아왔습니다. 그리고 바로 병원으로 달려갔습니다.

다행히 요하네스버그에서의 진단은 오진이었습니다. 로마의 병원에서 치료를 받으면서 몸은 조금 나아지는 것 같았습니다. 하지만 목소리는 여전히 잠겨 있고, 몸은 납덩이를 매단 것처럼 무거웠습니다. 조수미는 침대에 누워 멀거니 천장만 바라보았습니다.

언제까지나 이렇게 누워 있을 수만은 없었습니다. 조수미는 있는 힘을 다해 침대에서 일어났습니다. 그리고 비틀거리며 피아노 앞으로 걸어갔습니다. 노래를 해 보려고 했지만 목소리가 나오지 않았습니다. 조수미는 두려움에 소리없이 눈물만 흘렸습니다. 다시는 노래할 수 없을 것 같았습니다. 조수미는 피아노 앞에 앉아 간절히 기도했습니다.

'제발 여기서 모든 불행이 멈추게 해 주세요.'

기도 덕분이었는지, 아플만큼 충분히 앓았기 때문인지 모릅니다. 며칠 뒤 몸이 조금씩 회복되기 시작했습니다.

그러나 그것도 잠시뿐이었습니다. 갑자기 오른쪽 사랑니가 아프기 시작했습니다. 목과 얼굴이 퉁퉁 부어올랐습니다. 사랑니를 뽑아야 했습니다. 결국 7월까지 예약된 모든 공연을 취소할 수밖에 없었습니다.

조수미는 왜 이렇게 안 좋은 일이 계속 일어나는지 곰곰이 생각했습니다. 힘든 유학 생활을 하는 동안 알게 모르게 긴장이 쌓였던 것입니다. 그것이 성공적인 데뷔와 꿈에도 그리던 가족들을 만나면서 한꺼번에 풀어졌던 모양입니다. 갑작스런 변화가 오히려 자신의 몸을 상하게 한 것 같았습니다.

세계적인 성악가의 꿈을 이루기 위해 잠도 제대로 못 자고 노력하던 나날을 되돌아보았습니다. 그동안 딸을 위해 아낌없이 도움을 주셨던 부모님과 성악가의 길로 올바르게 이끌어 주셨던 선생님들을 생각했습니다. 무엇보다도 자신의 노래를 들으며 눈물을 흘리고 환호하는 사람들을 생각하자, 조수미의 두 눈에는 뜨거운 눈물이 고였습니다.

'나는 할 수 있어. 나는 사람의 영혼을 움직이는 아티스트니까.'

조수미는 마음을 다잡았습니다. 아무리 힘들어도 피아노 앞에 앉아 있는 시간을 조금씩 늘렸습니다.

하지만 목소리는 여전히 예전 상태로 돌아오지 않았습니다. 10분만 노래해도 금방 목이 쉬었습니다. 그래도 조수미는 피아노의 음을 따라 온몸으로 노래했습니다. 노래는 성대에서만 나오는 것이 아닙니다. 온몸의 근육과 호흡기관이 하나가 되어 나오는 것이 '조수미의 노래' 입니다.

그렇게 6개월이 지나갔습니다.

"아⋯⋯. 아⋯⋯. 하나님, 감사합니다!"

드디어 목소리가 제대로 나오기 시작했습니다. 영영 잃어버린 줄 알았던 힘차고 맑은 조수미의 목소리가 돌아왔습니다.

불행이 잇달아 찾아오면 사람들은 좌절하다가 곧 자기 자신을 포기하고 맙니다. 조수미도 한때는 그랬습니다. 하지만 얼마 지나지 않아 조수미답게, 적극적으로 불행을 딛고 일어서려고 최선을 다했습니다. 자기 자신을 끝까지 믿었던 것입니다.

 오페라와 친해지기 05

어린이가 볼 만한 오페라도 있나요?

본래 오페라는 어른들이 보는 공연입니다. 하지만 요즘에는 어린이를 위한 오페라도 많답니다. 같은 오페라 작품이라도 어린이 관객을 위해 노랫말을 우리말로 바꾸기도 하고, 공연 시작 전과 후에 오페라에 대한 설명을 하기도 합니다. 물론 공연 시간도 짧게 하지요.
《세비야의 이발사》, 《마술피리》, 《피가로의 결혼》, 《카르멘》, 《아이다》 등을 어린이가 볼 수 있는 오페라로 바꾸기도 하고요, 동화를 원작으로 한 《신데렐라》, 《백설공주》, 《헨젤과 그레텔》, 《호두까기 인형》 등을 오페라로 만들기도 한답니다.
그리고 모차르트가 열두 살에 작곡한 어린이 오페라 《바스티엥과 바스티엔느》도 있습니다. 《바스티엥과 바스티엔느》는 우리나라에서 뮤지컬과 오페라를 섞어 가족이 함께 즐길 수 있는 '가족뮤페라'로 다시 만들었다고 하죠. 오페라뿐만 아니라 어린이를 위한 뮤지컬 공연도 활발하게 이루어지고 있답니다.

조수미가 "세계 최고의 콜로라투라"라는
찬사를 받게 한 오페라《마술피리》

아마데우스 모차르트의 오페라《마술피리》

《마술피리》는 모차르트가 35세 때 작곡한 오페라입니다. 이때가 모차르트에게는 가장 왕성한 활동을 하던 시기였어요. 하지만 동시에 경제적으로나 가정적으로 몹시 힘들었고, 몸과 마음이 지쳐 있었다고 합니다.

모차르트는 돈을 벌기 위해 흥행이 될 만한 곡을 작곡해야 했습니다. 바로 이 무렵에 쉬카네더로부터 작곡 주문을 받게 됩니다. 쉬카네더가 자신의 동화집에 수록되어 있는 《회교도의 전설 룰루 또는 마술피리》에서 소재를 가져와 쓴 대본에 모차르트가 작곡을 맡게 된 것이랍니다.

모차르트는 1791년 3월부터 시작하여 9월 28일에 서곡을 완성하였습니다. 그리고 이틀 뒤인 9월 30일 오페라 《마술피리》는 빈 교외의 비덴 극장에서 모차르트의 지휘로 첫 공연이 이루어졌습니다.

《마술피리》의 첫 공연은 폭발적인 반응을 일으켰습니다. 그 뒤 《마술피리》 공연은 매일 이루어졌고, 공연을 보기 위해 줄을 서서 기다리다가 돌아가는 사람들이 수백 명이었다고 해요. 그런데 안타깝게도 모차르트는 이 작품이 초연된 지 2개월 뒤에 죽고 말았습니다.

♬ 줄거리

왕자 타미노는 큰 구렁이에게 쫓기다가 밤의 여왕의 시녀 세 사람에게 구출됩니다. 밤의 여왕은 타미노에게 자신의 딸 파미나를 나쁜 수도자 자라스트로에게서 구해 달라고 부탁을 합니다. 타미노는 하인 파파게노를 데리고 파미나를 구하기 위해 자

밤의 여왕 역으로 공연하는 조수미

라스트로를 찾아갑니다. 그런데 알고 보니 자라스트로는 '낮의 세계'를 다스리는 덕망 높은 인물이고, 밤의 여왕이야말로 '밤의 세계'를 다스리는 악의 화신이었습니다. 자라스트로가 제시한 시련을 이겨낸 타미노는 파미나와 결혼하게 됩니다. 한편 밤의 여왕과 그 부하들은 복수를 하려고 찾아오지만, 천둥과 함께 지옥으로 떨어지고 맙니다.

9장

신이 주신 선물

마에스트로 카라얀

저녁 일곱 시쯤 전화벨이 울렸습니다.

"수미 조와 통화할 수 있습니까?"

웬 여자가 조수미를 찾았습니다. 마침 조수미는 음악을 크게 틀어 놓고 저녁 준비를 하고 있었습니다.

"네, 제가 조수미입니다."

"저는 폰 카라얀의 비서입니다."

"네? 카라얀…… 이라고 하셨나요?"

카라얀의 이름을 듣자마자 조수미는 가슴이 두근거렸습니다.

"네, 카라얀은 당신의 노래를 듣고 싶어합니다. 잘츠부르크에 와서 오디션을 받을 수 있나요?"

제대로 대답은 했는지, 어떻게 전화를 끊었는지, 조수미는 그저 얼떨떨하기만 했습니다. 세계적인 지휘자 카라얀의 오디션을 받는다는 것은 성악가들에게는 평생 있을까 말까 한 꿈같은 일이었습니다. 더욱이 카라얀은 조수미의 우상이었습니다.

카라얀은 조수미의 가창력에 대해 이미 알고 있었습니다. 이탈리아의 유명한 작곡가인 밴필드는 조수미의 데뷔 무대를 보고 큰 감동을 받았습니다. 밴필드는 절친한 친구 카라얀에게 한국에서 온 소프라노 조수미의 노래를 꼭 들어 보라고 여러 차례 권했던 것입니다.

며칠 뒤 조수미는 떨리는 마음으로 잘츠부르크에 갔습니다. 그런데 오디션을 받으러 온 사람이 두 명 더 있었습니다. 이탈리아의 메조소프라노인 체칠리아 바르톨리와 역시 이탈리아의 바리톤인 루치오 갈로였습니다.

카라얀은 어떤 모습일까 상상하며 조수미는 30분 정도를 초조하게 기다렸습니다. 그때 카라얀의 비서로 보이는 사람이 들어와서 말했습니다.

"마에스트로 카라얀이 들어오십니다."

곧이어 다른 사람의 부축을 받으며 감색 트레이닝복을 입은 카라얀이 들어왔습니다. 카라얀은 다리를 거의 움직이지 못해 누군가 도와주어야 겨우 걸을 수 있었습니다. 얼굴에는 주름살이 깊이 패여 있었지만 눈빛만은 젊은이처럼 날카로웠습니다.

카라얀이 자리에 앉자 오디션 무대에는 동그란 스포트라이트 조명만 남고 모든 불이 꺼졌습니다. 어둠 속에서 카라얀의 카랑카랑한 목소리가 울려 퍼졌습니다.

"한국인 소프라노 어디 있지?"

카라얀의 말이 떨어지기 무섭게 조수미는 초등학생처럼 손을 번쩍 들었습니다.

"네, 제가 수미 조입니다."

"당신의 노래를 첫 번째로 듣고 싶은데."

조수미가 무대로 올라가자 오페라 《리골레토》에서 질다의 아리아인 〈그리운 그 이름〉의 전주가 흘러나왔습니다. 수없이 불렀던 노래지만 처음 노래하는 것처럼 떨렸습니다. 오늘따라 아리아의 전주도 길게만 느껴졌습니다.

조수미의 노래가 끝났습니다.

'아, 좀 더 잘 부를 수 있었는데……'

조수미는 아쉬웠습니다. 자신도 모르게 실수한 곳은 없는지 곰곰이 따져보기도 했습니다.

어느새 다른 사람들의 노래도 모두 끝났습니다. 카라얀은 사무실로 돌아가고, 세 사람은 아무 말 없이 오디션 결과를 기다렸습니다.

잠시 뒤 비서가 조수미를 카라얀에게 데리고 갔습니다.

"축하해. 수미 조는 나를 감동시켰어. 수미 조의 노래는 물처럼 맑아."

카라얀이 먼저 손을 내밀었습니다.

"지금까지 도대체 어디에 숨어 있었던 거지? 수미 조의 목소리는 신이 내린 소리야. 그런 목소리는 한 세기에 하나 나올까 말까 한 신의 선물이지. 그러니 수미 조는 신의 선물을 잘 갈고닦아 사람들에게 기쁨을 줄 의무가 있어."

조수미는 카라얀의 칭찬에 어쩔 줄을 몰랐습니다. 기쁘면서도 한없이 부끄러웠습니다.

"도대체 어디서 공부를 했지? 누구에게 배운 거야?"

"한국에서 배웠습니다."

"불가능해…… 불가능하다고. 한국에도 그렇게 뛰어난 선생들이 있단 말인가? 역시 한국은 대단한 나라야."

카라얀은 고개를 끄덕이며 중얼거렸습니다.

"수미 조, 요즘 '밤의 여왕' 역이 많이 들어오지?"

모차르트의 오페라 《마술피리》에는 밤의 여왕이 등장합니다. 그런데 밤의 여왕 역할은 워낙 힘들어서 제대로 소화해 낸 가수가 많지 않았습니다. 하지만 조수미는 밤의 여왕 역할을 하고서 "세계 최고의 콜로라투라" 라는 최고의 찬사를 받았습니다. 콜로라투라란 오페라에서 기교적으로 장식된 음이나 그 음을 잘 내는 가수를 말합니다.

카라얀은 조수미가 무슨 공연을 하고 있는지 이미 알고 있었습니다.

"밤의 여왕 역은 성대에 무리가 가니까 될 수 있으면 하지 않는 게 좋아. 연주 욕심도 너무 부리지 마. 자기 시간을 많이 가져. 자기에게 헌신하는 시간을 많이 가져야 큰 그릇이 돼."

카라얀은 조수미의 재능을 아끼고 진심으로 걱정해 주었습니다. 감사한 마음에 조수미 역시 카라얀에게 말했습니다.

"마에스트로를 사랑하는 많은 사람들을 위해서 오래오래 사셔야 합니다."

카라얀은 조수미를 바라보며 빙그레 웃었습니다.

"다음 잘츠부르크 페스티벌에서 《가면 무도회》를 공연할 예정이야. 오스카 역을 해 본 경험이 있나?"

"아직 해 보지는 않았는데요. 기회가 되면 해 보고 싶습니다."

"그럼, 그걸 공부해 보지. 구스타프 왕 역은 플라시도 도밍고가 맡을 거야. 그리고 바흐의 〈장엄 미사곡〉도 연습해 둬. 내년 부활절 기념 페스티벌에서 그걸 해 보자고."

조수미의 심장이 다시 쿵쾅거렸습니다.

"그럼 열심히 공부하도록 해."

로마에 돌아와서까지도 조수미는 자신에게 일어난 일을 믿을 수 없었습니다. 카라얀과 함께 공연을 할 수 있다니! 모든 것이 꿈만 같았습니다. 하지만 이 꿈만 같은 일들이 조수미에게 실제로 일어난 것입니다.

눈물의 《가면 무도회》

다음 해 봄이 되었습니다. 《가면 무도회》 연습을 위해 가수들이 한자리에 모였습니다.

"좋아, 완벽해. 오스카가 실제로 살아 움직이는 것 같아."

카라얀은 조수미가 연습할 때마다 칭찬을 아끼지 않았습니다. 카라얀이 보기에도 조수미가 오스카 역을 완벽하게 소화하기 위해 연습에 연습을 거듭했다는 것을 알 수 있었습니다. 카라얀은 그런 조수미가 기특했습니다.

"수미, 그 동작에서는 손을 더 부드럽게 해야 돼."

카라얀은 음악적인 기교뿐만 아니라 몸동작이나 손짓 등 무대에서 관객들을 사로잡는 연기도 가르쳐 주었습니다.

카라얀은 너무나 엄격해서 작은 실수 하나도 그냥 넘어가지 않았습니다. 그리고 자신이 완전히 설득되지 않는 한 다른 사람의 견해를 잘 받아들이지 않는 성격이었습니다. 하지만 조수미에게만은 손녀딸 대하듯 너그러웠습니다.

《가면 무도회》 공연 리허설이 한창인 7월의 어느 토요일이었습니다. 배역을 맡은 사람들은 모두 유명한 가수들이라 무척 바빴습니다. 그래도 어렵게나마 한 달에 한 번 모여 리허설을 하는 날이었습니다.

"어디가 안 좋으세요?"

조수미가 카라얀에게 물었습니다. 카라얀의 안색이 별로 좋지 않았기 때문입니다. 카라얀은 한숨을 내쉬었습니다.

"어젯밤 잠을 못 잤거든. 가슴이 꽉꽉 막히는 것 같아서 숨을 못 쉬겠더라고."

"어머, 어떡해요."

친할아버지가 아픈 것처럼 조수미는 몹시 걱정이 되었습니다.

"아, 아냐……. 별일은 아니야."

조수미의 표정이 너무 심각해지자 카라얀은 아무 일 아니라며 손을 내저었습니다. 조수미는 내심 불안했지만 더 이상 걱정하지 않았습니다.

다음 날이었습니다. 오랜만에 리허설이 없는 일요일이었습니다. 날씨가 너무 좋아서 조수미는 강아지 재키와 집 근처에 있는 호수로 수영을 다녀왔습니다. 저녁을 준비하면서 텔레비전을 켰습니다.

"오늘 무슨 날인가? 카라얀 특집 프로그램만 하네."

채널을 여기저기 돌려 보아도 모두 정규 방송 대신 카라얀의 음악 세계를 다룬 특집 방송을 하고 있었습니다.

"설마……."

갑자기 불길한 생각이 들었습니다. 조수미는 텔레비전 앞에 다가앉았습니다. 특집 방송이 끝나자 뉴스가 나왔습니다. 카라얀이 정오에 운명했다는 소식이었습니다.

조수미의 눈에선 주체할 수 없이 눈물이 쏟아졌습니다. 극장에 전화했더니 모두들 충격에 빠져 일손을 놓고 있었습니다. 함께 공연을 준비하던 소프라노 바스토우가 눈물로 범벅이 된 얼굴로 찾아왔습니다. 두 사람은 집 앞 계단에 앉아 밤늦도록 함께 울었습니다. 카라얀의 죽음을 슬퍼하는 사람은 조수미뿐이 아니었습니다. 잘츠부르크 전체가 충격과 슬픔에 빠졌습니다.

"내 잘못이야. 어제 빨리 병원에 모시고 갔어야 했는데."

조수미는 후회와 죄책감으로 더욱 슬프게 흐느꼈습니다.

다음 날 바스토우와 함께 극장에 간 조수미는 자신들의 결정을 이야기했습니다.

"카라얀이 없는 공연은 의미가 없어요."

"그래요. 수미 조와 저는 이번 공연을 취소하기로 했어요."

당장 일주일 뒤가 공연이지만 같은 생각을 하는 사람들이 많았습니다. 그때 카라얀 대신 지휘를 맡게 된 게오르그 솔티가 사람들에게 말했습니다.

"여러분의 뜻은 잘 알겠습니다. 하지만 마에스트로 카라얀이 열정을 가지고 준비한 마지막 공연입니다. 여러분들이 어떻게든 성공적으로 공연을 마쳐야 하지 않을까요?"

조수미는 곰곰이 생각했습니다. 마에스트로 솔티의 말이 맞는 것 같았습니다.

'그래, 이렇게 그만두는 것은 마에스트로 카라얀도 바라는 일

이 아닐 거야.'

조수미와 동료들은 마음을 바꿨습니다. 마에스트로 카라얀을 위해 최고의 공연을 만들기로 했습니다. 모두가 눈물을 삼키며 리허설에 열심히 참여했습니다.

드디어 공연 날이 되었습니다. 서서히 막이 오르며 서곡이 연주되었습니다. 무대 뒤에서 준비하던 조수미는 카라얀의 마지막 모습이 생각나 눈물이 났습니다. 이제 곧 무대로 나가야 하는데 도무지 눈물이 멈추지 않았습니다. 그때 어디선가 카라얀의 카랑카랑한 목소리가 들려왔습니다.

"수미! 노래 외에 무엇에게도 마음을 빼앗겨서는 안 돼. 옆 사람이 뭘 하든, 무대 아래서 무슨 일이 벌어지든, 오로지 노래에만 집중해야 돼."

조수미는 마음을 가다듬고 무대로 천천히 나갔습니다. 카라얀은 더 이상 옆에 없습니다. 앞으로도 영원히 볼 수 없습니다. 하지만 카라얀의 음악이 남아 있는 한, 영원히 우리 곁에 있는 것과 같습니다.

비록 카라얀이 직접 지휘는 못했지만, 《가면 무도회》는 조수미를 세계 무대에 알리는 기회가 되었습니다. 그리고 조수미는 세계 정상의 소프라노로 인정받게 되었습니다.

헤르베르트 폰 카라얀 그리고 주빈 메타

헤르베르트 폰 카라얀

카라얀은 1908년 모차르트의 고향이기도 한 오스트리아의 잘츠부르크에서 태어났습니다. 카라얀은 유난히 몸집이 작았습니다. 그래서 몸집이 큰 형에게 항상 열등감을 가졌다고 해요. 음악을 시작하게 된 것도 피아노를 잘 치는 형에게 뒤지지 않겠다는 경쟁의식에서 시작된 것이었답니다. 카라얀은 어릴 적 음악 선생님의 권유로 지휘자의 길을 택하게 됩니다. 빈 아카데미를 졸업하고 1929년 잘츠부르크의 모차르트테움 대강당에서 데뷔 연주회를 열었고, 1935년 27세에 독일 정부의 최연소 음악 총감독으로 취임하게 됩니다. 그때부터 세상에 이름을 알리기 시작한 카라얀은 1954년에 베를린 필의 상임 지휘자가 됩니다.

카라얀이 지휘하는 곡들은 다른 지휘자의 곡들과는 비교할 수 없을 정도로 세련되고 잘 다듬어졌다는 평가를 받았습니다. 척추 수술을 받은 뒤 잘 걷지 못하게 되어도 음악에 대한 열정을 놓지 않았던 카라얀은 1989년 7월 16일, 《가면 무도회》의 리허설 기간 중 심장마비로 세상을 떠났습니다.

주빈 메타

주빈 메타는 봄베이 교향악단의 창립자인 메리 메타의 아들로 1936년에 인도 봄베이에서 태어났습니다. 원래 주빈 메타는 의사가 되려고 했답니다. 그러던 그가 처음으로 지휘를 해 본 것은 열여섯 살 때 봄베이 교향악단의 지휘자가 참석하지 않아 연습 지휘를 했던 것이라고 해요. 그리고 열여덟 살이 되던 1954년에 지휘자가 될 결심을 하게 된답니다. 곧바로 의학 공부를 포기하고 빈 국립 음악아카데미에서 H.스바로프스키에게 지휘를 배우게 되었습니다. 주빈 메타는 1958년 영국 리버풀에서 개최된 국제 지휘자 콩쿠르에서 1위를 차지하고 그 다음해 빈 필하모닉 관현악단의 지휘자로 데뷔하게 되었습니다. 그 뒤 캐나다 몬트리올 교향악단, 메트로폴리탄 오페라극장, 뉴욕 필하모닉 등에서 지휘와 음악감독을 맡았습니다. 주빈 메타는 바로크에서 현대에 이르기까지 다양한 음악을 소화해내며 특히 낭만파의 작품 연주에 뛰어난 솜씨를 발휘했답니다. 1984년 뉴욕 필하모닉과 함께 내한하여 세종문화회관에서 공연한 적도 있습니다.

조수미가 카라얀과 함께 준비했던
오페라《가면 무도회》

주세페 베르디의 오페라 《가면 무도회》

《가면 무도회》는 베르디의 대표 작품 중의 하나로, 스웨덴 국왕 '구스타프 3세의 암살 사건'을 다룬 오페라입니다. 본래 이 작품은 이탈리아의 나폴리에서 공연하려고 했는데 '국왕의 암살 사건'을 다루었다고 상연을 금지 당했답니다. 결국 '구스타프 3세'라는 본래 제목을 《가면 무도회》로 바꾸고, 오페라의 배경도 보스턴으로 바꾼 뒤에야 상연이 가능하게 되었습니다. 한편, 1935년부터 배경을 다시 스웨덴의 스톡홀름으로 옮긴 '스톡홀름 판'도 공연을 할 수 있게 되었습니다. 보스턴 판에서는 리카르도 총독이, 스톡홀름 판에서는 구스타프 왕이 주인공이 됩니다.

Classic

♫ 줄거리 (보스턴 판)

보스턴의 총독 리카르도는 그의 비서관 레나토의 아내인 아멜리아를 남몰래 사랑하고, 아멜리아 역시 리카르도에 대한 사랑 때문에 괴로워합니다. 그러던 어느 날 점쟁이가 리카르도의 손금을 보고 "당신은 곧 죽게 될 것이다. 지금부터 당신과 맨 처음 악수한 친구의 손에 의해!"라는 불길한 예언을 합니다. 그때 마침 늦게 온 레나토는 아무것도 모른 채 리카르도와 악수를 나눕니다. 한편 리카르도를 암살하려는 사람들이 레나토에게 "리카르도가 당신의 아내를 사랑한다"는 사실을 알려 줍니다. 레나토는 분노에 휩싸이고, 결국 가면 무도회에서 리카르도를 살해하게 됩니다. 리카르도는 죽어가면서 아멜리아의 결백을 말합니다.

오스카 역으로 공연 중인 조수미

10장

세계 정상을 향하여

꿈의 공연

세계 무대 데뷔를 성공적으로 끝낸 조수미에게는 이제 세계 5
대 오페라극장에서 공연하겠다는 꿈이 생겼습니다. 세계 5대 오
페라극장은 이탈리아의 라 스칼라 극장과 영국의 로열 오페라하
우스 코벤트가든, 프랑스의 바스티유 오페라극장, 미국의 메트로
폴리탄 오페라하우스, 오스트리아 빈의 국립 오페라극장입니다.

사실 성악가들에게는 세계 5대 극장 중 한 곳에서 공연하는
것만으로도 큰 영광입니다. 하지만 조수미는 5대 극장 모두에서
공연을 하겠다는 목표를 세웠습니다.

첫 번째 꿈은 1988년 밀라노의 라 스칼라 극장에서 오페라
《페톤테》의 행운의 여신 역을 통해 이루었습니다.

두 번째는 1989년 4월 뉴욕의 메트로폴리탄 오페라하우스에서
베르디의 오페라 《리골레토》의 질다 역으로 꿈을 이루었습니다.

특히 미국 뉴욕 공연에는 조수미가 가족들을 모두 초대하겠다
는 꿈도 이루었습니다.

"아빠, 엄마, 미국에서 하는 공연은 꼭 보러 오셔야 해요."

부모님은 이제까지 한 번도 조수미의 공연을 직접 본 적이 없
었습니다. 조수미는 그 점이 늘 마음이 아팠습니다. 세계 무대에
서 노래하는 딸의 모습을 누구보다 보고 싶어하고 자랑스러워할

분들이 부모님이었기 때문입니다.

조수미는 공연 때마다 부모님이 객석 맨 앞자리에 앉아서 자신을 응원해 주는 모습을 상상하곤 했습니다. 그런데 이제야 소원을 이룬 것입니다. 함께한 가족들의 힘이 컸던지, 뉴욕 공연도 무사히 잘 마칠 수 있었습니다.

1991년에 조수미는 런던 코벤트가든 오페라하우스에서 《호프만 이야기》의 올림피아 역으로 공연을 했습니다. 올림피아는 인형입니다. 사람들이 인형으로 착각할 정도로 조수미의 분장과 동작은 완벽했습니다. 각 신문들이 "완벽한 아름다움"이라는 극찬을 아끼지 않을 정도였습니다.

그리고 1991년 빈의 국립 오페라극장에서 오페라 《마술피리》 공연을 했으며, 마지막으로 1993년에 파리 바스티유 오페라극장에서 오페라 《호프만 이야기》 공연을 했습니다.

이렇게 해서 조수미는 동양인으로서는 최초로 세계 5대 오페라극장의 무대에 선 프리마돈나의 기록을 남겼습니다.

조수미는 1년 가운데 3분의 2를 공연하는 데 시간을 보냈습니다. 누구보다도 활발하게 활동한 조수미는 1993년에 성악가의 최고 영예인 '황금기러기상'을 받았습니다. 그리고 조수미가 부른 리하르트 슈트라우스가 작곡한 독일 오페라 《그림자 없는 여인》이 오페라 부문 최고 음반으로 선정되어 '그래미상'을 수상

했습니다. 한꺼번에 두 가지 상을 모두 받은 조수미가 이제 세계 최고의 소프라노 가수라는 것은 아무도 의심할 수 없게 되었습니다.

도전 또 도전

조수미는 오페라와 같은 무대 공연뿐만 아니라 음반 녹음 활동도 활발하게 했습니다. 첫 오페라 음반인 로시니의 《오리 백작》을 시작으로 수많은 오페라의 전곡을 녹음했습니다. 로시니의 《이탈리아의 터키인》, 베르디의 《가면 무도회》, 모차르트의 《마술피리》, 리하르트 슈트라우스의 《낙소스 섬의 아리아드네》를 비롯해, 일반인들에게는 거의 알려지지 않은 《검은 망토》, 《투우사》에 이르기까지 다양한 노래들을 불렀습니다.

조수미는 늘 새로운 도전을 하는 것이 좋았습니다. 특히 리하르트 슈트라우스의 《낙소스 섬의 아리아드네》 음반 작업은 그 자체로도 대단한 도전이었습니다.

"그동안 주인공 체르비네타 역은 여러 번 해 봤지만, 이번 녹음은 원곡 그대로 시도하고 싶어요."

"너무 무리하는 거 아닐까?"

《낙소스 섬의 아리아드네》를 녹음하기 전, 조수미는 지휘를 맡은 켄트 나가노와 이런저런 이야기를 나누고 있었습니다.

"이 곡은 밤의 여왕의 높은 F음과는 상대도 안 되는 F#의 고음이야."

"한번 해 보고 싶어요. 1916년 이후로 아무도 시도한 적이 없잖아요. 그래서 제가 해 보고 싶어요."

"…… 좋아. 한번 해 보자고."

조수미의 강한 의지에 지휘자와 모든 스태프들은 흥분했습니다. 어쩌면 《낙소스 섬의 아리아드네》를 원곡대로 부르는 세계 최초의 가수가 탄생할지도 모르기 때문입니다.

1912년, 리하르트 슈트라우스가 이 곡을 처음 작곡했을 때, 여주인공 체르비네타의 노래는 F#에다 콜로라투라 아리아를 20분이 넘도록 쉬지 않고 불러야 하는 아주 어려운 곡이었습니다. 하지만 그 노래를 부를 수 있는 가수가 없었습니다. 몇 년 뒤, 결국 리하르트 슈트라우스는 자신이 작곡한 오페라를 아무도 부를 수 없다는 것을 깨닫고 체르비네타의 아리아를 다섯 페이지나 줄이고 높은음도 낮춰서 높은 E까지 올라가도록 곡 전체를 바꿨습니다. 그래서 1916년 이후로는 수정된 노래로 공연하게 된 것입니다. 하지만 조수미는 세계 최초로, 수정되지 않은 원본 그대로 녹음을 하려는 것입니다.

녹음은 프랑스 리옹에서 이루어졌습니다.

'내 평생 이렇게 힘든 노래는 처음이야. 여기서 그만둔다고 할까.'

조수미는 생각보다 너무 힘들다는 것을 깨달았습니다. 그만두고 싶다는 생각도 간절했습니다.

"수미 조, 너무 힘들면 수정된 노래로 하죠."

20분 이상 계속되는 콜로라투라 아리아를 몇 번씩 반복하다 보면 눈물이 날 정도로 고통스러웠습니다.

"아니요. 포기할 수 없어요. 이렇게 힘들게 녹음했는데 여기서 포기할 수 없어요."

조수미는 힘들어도 오뚜기처럼 일어섰습니다.

'이 오페라 원곡은 내가 세계 최초로 녹음하는 거야.'

하루에 수십 번 좌절하고도 다시 힘을 얻으면서 드디어 녹음을 마쳤습니다. 조수미는 1994년, 세계 최초로 수정되지 않은 원본으로 체르비네타의 아리아를 부르는 위대한 기록을 남겼습니다.

사랑하는 나의 아버지

"누나……."

동생 영준에게서 전화가 왔습니다. 조수미는 곧 있을 프랑스 파리 샤틀레 극장에서의 독창회 준비로 정신이 없었습니다.

"그래, 영준아. 잘 지냈지? 아빠, 엄마 다 잘 계시고?"

"근데……. 그게 말이야."

영준은 평소와는 다르게 제대로 말을 잇지 못했습니다. 조수미는 가슴이 덜컥 내려앉는 것 같았습니다. 집에 무슨 일이 생긴 게 분명했습니다.

"오늘…… 아버지가 돌아가셨어."

악보가 손에서 힘없이 떨어졌습니다. 조수미는 그 자리에 털썩 주저앉고 말았습니다.

아버지는 조수미를 무척 사랑했습니다. 조수미가 무엇을 하든 칭찬부터 해 주시던 아버지였습니다. 자신을 뒷바라지하느라 집안 형편이 어려워도 힘든 내색을 하지 않으셨던 분입니다.

"알았어. 당장 서울로 갈게."

며칠 뒤면 공연입니다. 공연 티켓이 이미 오래 전에 모두 판매가 된 데다, 텔레비전 방영과 DVD 녹화까지 예정되어 있었습니다. 공연을 취소하기도 어려운 상황이었습니다. 하지만 조수미는 모든 일정을 취소하고 한국으로 돌아가야겠다고 마음먹었습니다. 시둘리 전화를 끊으려는 조수미에게 영준이 말했습니다.

"아니야, 누나. 장례식은 우리가 잘 치를 테니 공연 다 마치고 와. 그 얘기 하려고 전화한 거야."

가족들의 바람을 모르는 것은 아닙니다. 하지만 아버지가 돌

아가셨는데 그럴 수는 없었습니다.

"수미야, 네 심정을 모르는 것은 아니다만, 많은 사람과의 약
속을 지키는 것도 중요해. 공연은 해야만 해. 그래서 그 공연
을 아버지께 바치는 것이 도리야."

어머니도 절대 팬들을 실망시키지 말라고 하셨습니다. 너무나
완고하셨습니다. 결국 조수미는 한국행 비행기를 타지 않고 대
신 공연에 충실하기로 했습니다. 하지만 너무나 슬펐습니다. 몸
속에 있는 수분이 모두 눈물이 되어 흘러나오는 것 같았습니다.

2006년 4월 4일, 조수미는 독창회 무대에 올랐습니다. 사랑하
는 아버지를 위해 그 어느 때보다 아름다운 목소리로 노래했습니
다. 하지만 조수미에게는 일생에서 가장 힘든 독창회였습니다.

조수미는 아버지가 공연 내내 곁에서 지켜보셨다고 믿었습니
다. 무사히 공연이 끝났습니다. 그런데 앙코르를 받을 때 참았던
눈물이 쏟아지기 시작했습니다. 관객들은 무슨 영문인지 몰라
웅성거렸습니다. 조수미는 눈물을 닦을 생각도 못하고 떨리는
목소리로 입을 열었습니다.

"지금 이 시간에 한국에서는 저의 아버지 장례식이 치러지고
있습니다. 오늘의 공연을 아버님께 바칩니다."

1,500여 명의 관객들이 모두 일어났습니다. 관객들도 조수미
와 함께 눈물을 흘렸습니다. 견디기 힘든 슬픔을 안고 노래를 해

야만 한다는 것은 한 사람에게 잔인한 일일 수도 있습니다. 하지만 딸이 훌륭한 음악가로 자라길 바랐던 아버지께 세계적인 소프라노로서 드릴 수 있는 최고의 선물이었습니다.

새로운 도전이 좋아

조수미는 도전을 두려워하지 않았습니다. 특히 새로운 영역에 마음껏 도전해 보고 싶었습니다.

세계 정상의 소프라노가 오페라만 해야 한다는 것은 고정관념이라고 생각했습니다. 조수미에게는 관객이 즐거워하는 노래를 부르는 것이 더 중요했습니다.

"수미 조, 뮤지컬을 해 보지 않겠어요?"

미국의 유명한 지휘자이자 작곡자인 레오나르드 번스타인의 뮤지컬 《캔디드》의 여자 주인공 크네곤데 역을 해 보지 않겠냐는 연락이 왔습니다.

"뮤지컬은 한 번도 안 해 봐서 어떨지 모르겠네요."

"수미 조라면 충분히 잘해낼 겁니다."

뮤지컬은 춤도 추어야 하고, 노래 중간 중간에 영어로 대사까지 해야 합니다. 조수미는 도전해 보고 싶었습니다.

"네, 좋아요. 한번 해 보도록 해요."

하지만 미국의 유명한 뮤지컬 배우들과 호흡을 맞추어야 하는 것이 부담 되는 것도 사실이었습니다. 조수미는 역할을 제대로 해내기 위해 미국인 코치를 구해 연습했습니다.

첫 번째 리허설 하는 날이 되었습니다.

"수미 조, 원 투 쓰리 포, 원 투 쓰리 포, 좀 더 빠르게 움직여 요."

남녀 열여섯 명으로 구성된 배우들과의 춤 연습은 너무 힘들 었습니다. 조수미는 춤을 춰 본지가 하도 오래되어서 매번 박자 를 놓치곤 했습니다. 세계적인 오페라 가수로서 쑥스럽고 당황 스러웠습니다.

"아니, 아니! 동작을 크게 해야 합니다."

조수미의 동작 하나하나에 코치의 불호령이 떨어졌습니다. 고 생길이 훤히 보이는 것 같았습니다. 누군가 용기를 내라고 어깨 를 두드려 주었지만 아무 위로도 되지 않았습니다.

오전 열 시부터 시작한 연습은 밤 열 시에야 끝났습니다. 조수 미는 지칠 대로 지쳤습니다. 숙소로 돌아와서는 세수도 못하고 그냥 곯아떨어졌습니다.

"내가 여기에 노래를 하러 온 거야? 춤을 배우러 온 거야?"

뮤지컬 연습을 거듭하던 어느 날이었습니다. 숙소에 돌아와서 도 춤을 연습하던 조수미의 머릿속이 갑자기 밝아지는 것 같았습니다.

"이건 오로지 내가 맡은 역을 완벽히 소화하기 위해 하는 거야! 필요하다면 어떤 것이라도 배워야지. 난 뭐든지 배우는 건 자신 있어!"

조수미는 더욱 용기를 냈습니다. 오페라 가수가 춤을 못 추는 건 당연합니다. 못 추니까 배우는 거라고 스스로에게 자신감을 불어넣었습니다.

공연이 며칠 앞으로 다가오자 크네곤데 역에도 서서히 자신감이 붙었습니다. 거의 불가능할 것 같던 발레도 만족할 만한 수준에 이르렀습니다. 아마도 초등학교 때 발레를 배워 둔 덕분인 것 같았습니다.

조수미는 자신의 역을 완벽하게 소화해내며 성공적으로 공연을 마쳤습니다.

나는 한국인 조수미입니다

"코리아?"

유럽의 어느 나라였습니다. 조수미는 공연을 마치고 다른 나라로 가기 위해 공항에 있었습니다. 그런데 공항 직원이 수미의 여권을 보더니 따로 불렀습니다.

"이 여권을 가지고는 비행기를 탈 수 없습니다."

공항 직원은 너무도 단호하게 말했습니다.

"북한 사람이 아니고 한국 사람이에요."

조수미는 적잖이 당황하면서도 분명하게 항의했습니다. 공항 직원은 이리저리 컴퓨터로 검색하더니 조수미의 여권을 다시 확인했습니다. 그러고는 미안한 표정으로 조수미에게 여권을 돌려주며 말했습니다.

"죄송합니다. 제가 잘못 알았습니다. 즐거운 여행되시기 바랍니다."

공항 직원은 몇 번이고 사과를 했습니다.

외국 사람들 가운데 많은 사람들이 남한과 북한을 혼동하고 있었습니다. 한국이 어디에 있는지, 어떤 나라인지도 잘 모르기 일쑤였습니다. 외국 생활을 오래 하고, 외국에서 공연을 많이 하는 조수미는 유난히 이런 경험이 많았습니다.

조수미는 생각했습니다. 자신이 세계적으로 인정받을수록 우리나라를 올바르게 알릴 수 있을 것이라고.

'전 세계 사람들에게 우리나라를 알리는 방법이 무엇이 있을까?'

조수미는 늘 이 문제를 고민했습니다.

'한국적인 아름다움이 물씬 풍기는 것이라면……. 그래, 우리

고유의 옷을 입으면 되겠어.'

한국의 전통적인 아름다움이 느껴지는 우리 옷을 입고 세계 무대에 서야겠다는 결심을 했습니다.

주빈 메타의 지휘로 런던 필하모닉과 협연을 할 때였습니다. 조수미는 강렬한 빨강과 검정이 섞인 멋진 드레스를 입고 무대에 섰습니다. 한복의 느낌을 현대적으로 살리면서도, 한국 전통의 아름다움이 드러나는 드레스였습니다. 그런데 공연이 끝나자마자 조수미에게 낯선 사람이 찾아왔습니다.

"의상이 참 독특한데 누구 작품입니까?"

그 사람은 바로 프랑스 최고의 디자이너인 크리스티앙 라크루아였습니다. 조수미는 자랑스럽게 대답했습니다.

"앙드레 김의 작품이랍니다. 앙드레 김 선생님은 한국 최고의 디자이너예요."

그 사람은 조수미의 노래에 대한 이야기보다 옷에 대해 칭찬을 더 많이 하고 돌아갔습니다. 조수미는 노래가 좋았다는 평을 들은 것만큼이나 어깨가 으쓱해졌습니다.

오페라는 정해진 배역에 따라 의상이 미리 정해집니다. 하지만 혼자 서는 무대에서는 어떤 의상을 선택하느냐가 매우 중요합니다.

이제 조수미는 독창회나 콘서트에서 한국 디자이너의 옷을 즐

겨 입습니다. 특히 디자이너 앙드레 김의 옷을 자주 입습니다. 덕분에 이제는 긴 설명이 필요 없을 정도로 한국의 디자이너들은 세계의 주목을 받게 되었습니다.

조수미는 공연 뒤 앙코르를 받으면 한국 가곡을 부르곤 합니다. 이것은 외국에서 활동하는 어떤 성악가도 시도하지 않았던 일입니다. 외국 관객이 잘 모르는 노래를 불렀다가 차칫 공연 분위기를 망칠 수 있기 때문입니다. 그런데 한국 가곡을 들은 관객들의 반응은 의외로 좋았습니다. 조수미는 한국 가곡을 부를 때마다 조국에 대한 그리움에 가슴이 벅차올라 눈물을 흘렸습니다.

조수미는 한국의 위상을 높일 수 있는 크고 작은 국제 행사에도 누구보다 적극적으로 참가를 합니다. 외국 공연으로 일정이 빡빡해도, 잠깐이라도 한국에 들러 공연할 기회가 생기면 기꺼이 참여합니다.

2002년과 2006년의 월드컵 대회에서 응원가를 불러 국민들의 사랑을 받았습니다. 그리고 평창 동계올림픽 명예홍보대사, 여수 엑스포 홍보대사를 지냈고 드라마 《명성황후》의 주제가를 부르기도 했습니다. 한국의 문화를 세계에 알리는 일은 이제 조수미에게 또 하나의 도전이 되었습니다.

오페라를 보는 데에도 방법이 있나요?

하나, 오페라 줄거리를 미리 알아보세요.

영화나 책은 줄거리를 미리 알고 보면 재미가 없지만 오페라는 줄거리를 미리 알고 가면 더 재미있게 즐길 수 있답니다.

둘, 공연장에는 30분 전에 도착해야 해요.

일찍 공연장에 가서 프로그램 안내 책자를 읽어 두면 공연에 대한 이해가 훨씬 빠르겠죠?

셋, 마음껏 박수를 치세요.

다른 클래식 음악과는 달리 오페라에는 박수 치는 시간이나 방법이 정해져 있지 않아요. 단, 노래하는 중에는 치면 안 된답니다. 공연이 끝나면 감동 받은 만큼 크게 박수를 쳐 보세요. 박수가 끊이지 않으면 가수는 앙코르 곡으로 화답을 한답니다.

넷, 외국어를 모른다고요? 걱정 마세요.

오페라 공연은 보통 이탈리아어나 프랑스어 독일어로 이루어진 경우가 많아요. 그래서 사람들이 오페라를 어렵다고 생각하죠. 하지만 그런 걱정일랑 뚝! 오페라 공연에는 한글 자막이 있기 때문이죠. 하지만 가수의 대사 한마디보다 음악과 연기를 더 주의 깊게 살펴보세요. 감동이 백배는 더하답니다.

다섯, 오페라 공연을 볼 때는 멋진 옷을 입어야 한다고요?

오페라 공연을 볼 때 남자는 양복, 여자는 치마를 입는 것이 기본예절이래요. 물론 정장을 입지 않았다고 입장을 못하는 것은 아니에요. 하지만 멋지게 차려입고 가면 공연도 더 멋지게 볼 수 있을 것 같아요.

여섯, 오페라를 보기에 좋은 자리가 따로 있다고요?

오페라 공연은 무엇을 감상할지에 따라 좋은 자리가 따로 있대요. 오페라 가수들의 표정을 생생하게 보고 싶다면 가운데 앞줄에 앉는 것이 좋지만, 무대 전체를 보고 싶으면 2층 앞자리가 가장 좋답니다. 참, 2층에서 볼 때 극장에서 빌릴 수 있는 '오페라글라스'를 이용할 수 있어요. 이따금 가수의 표정이나 의상 등을 자세히 보고 싶을 때 사용하면 좋답니다.

조수미가 진짜 인형 같은 연기로
관객들을 놀라게 한
오페라《호프만 이야기》

자크 오펜바흐(1819년~1880년)

《호프만 이야기》는 독일의 작가이며 시인인 호프만의 초현실적인 사랑 이야기 세 편에 프랑스의 작곡가 자크 오펜바흐가 곡을 붙인 걸작 오페라입니다. 1881년 2월 10일, 파리 첫 공연은 대단한 성공을 거두었습니다.

♫ 줄거리

늘 술에 취해 있는 시인 호프만은 학생들에게 자신이 경험했던 세 가지 사랑 이야기를 들려줍니다.

호프만의 첫 번째 사랑은 〈올림피아 이야기〉입니다. 무도회장에서 호프만은 올림피아란 아가씨에게 반합니다. 그런데 올림피아는 사람이 아니라 인형이었습니다. 결국 호프만은 크게 실망하고 올림피아와의 사랑은 끝나고 맙니다.

호프만의 두 번째 사랑은 〈줄리에타 이야기〉입니다. 호프만은 줄리에타를 사랑하게 되지만 그녀는 다만 보석이 탐나서 호프만을 유혹했던 것입니다. 화려하고 아름답지만 호프만을 이용하려고만 했던 줄리에타는 결국 마법사와 떠나고, 호프만에게는 상처만 남습니다.

호프만의 세 번째 사랑은 〈안토니아 이야기〉입니다. 안토니아는 음악가의 딸이며, 재주가 많고 마음이 따뜻한 여인입니다. 호프만과 안토니아는 서로 사

오페라 〈호프만 이야기〉 포스터

랑했습니다. 하지만 몸이 너무 약해서 노래를 부르면 죽게 되는 안토니아는 악마의 마법에 걸린 의사 때문에 노래를 부르다 죽고 맙니다.

독창회에서 오페라 《호프만 이야기》 중 아리아 〈인형의 노래〉를 부르는 조수미

♪♩♫
나오는 글 1

아직 도전은 끝나지 않았습니다 ♫

2008년, 예술의전당은 개관 20주년을 맞아 한국의 주요 예술
가들의 공연으로 꾸민 《코리안 월드 스타 시리즈》를 준비했습니
다. 정명훈, 조수미, 장영주의 무대가 마련되었습니다.

5월 23일은 조수미의 공연이 있는 날입니다. 여느 공연과 마
찬가지로 많은 관객들이 공연장을 가득 메웠습니다. 그런데 공
연이 다 끝났는데도 관객들은 집으로 돌아가지 않고 로비에 모
여 있었습니다. 로비 한켠에 시상대가 마련되었습니다.

"국제 푸치니상 수상을 축하드립니다."

조수미가 푸치니의 금 조각상 트로피를 받았습니다.

"조수미야말로 세계에 나라를 빛낸 애국자야!"

사람들은 마치 자신이 상을 받은 것처럼 즐거워하고 뜨거운

박수를 보냈습니다.

조수미의 수상 소감이 이어졌습니다.

"감사합니다. 푸치니는 제가 제일 좋아하는 작곡가입니다. 더욱이 이탈리아에서 그들의 오페라로 인정을 받았다는 사실이 저는 너무 기쁩니다. 늘 도전하는 음악가로 살겠습니다."

2008년은 자코모 푸치니 탄생 150주년이 되는 해입니다. 그래서 국제 푸치니상을 창설한 것입니다. 국제 푸치니상은 푸치니의 작품을 가장 잘 소화해낸 성악가에게 주는 영예로운 상입니다.

조수미는 오랜 유학 생활과 세계 무대 경험을 통해 노래가 삶에 지친 사람들에게 위안이 된다는 것을 알았습니다. 그래서 많은 사람이 공감하고 행복해 할 수 있는 음악들을 다양하게 표현하기 위해 늘 노력했습니다.

이제 조수미는 입시 교육에 시달리는 우리나라 어린이들과 청소년들의 마음속에 풍요로운 문화 예술의 싹을 틔워 주고 싶습니다. 그것이 세계적인 소프라노로서 조국을 위해 꼭 해야 할 일이라고 생각했습니다.

데뷔 20주년을 맞은 2006년 8월 30일, 서울 호암아트홀에서 《조수미와 함께하는 아카데미 콘서트》가 열렸습니다. 이날 공연에는 500여 명의 서울·인천 지역 초등학교와 중·고등학교 음악 선생님들이 초청되었습니다.

조수미는 바리톤 서정학과 함께 꾸민 50분짜리 미니 콘서트부터 시작했습니다. 교육 현장에서 땀 흘리는 음악 선생님들에게 감사와 격려의 뜻으로 마련한 선물이었습니다.

"선생님들이 음악을 통해 아이들에게 어떤 도움을 줄 수 있을지 함께 이야기했으면 해요."

조수미는 선생님들과 이야기를 나누었습니다.

"아이들의 음악 시간이 너무 짧아요. 입시 스트레스에 시달리는 우리 아이들을 볼 때마다 걱정이 앞선답니다. 아이들에게 위안과 휴식을 줄 수 있는 가장 좋은 방법은 음악이 아닌가 생각해요."

많은 선생님들도 같은 생각을 하고 있었습니다. 선생님들의 질문이 이어졌습니다.

"학생들이 어릴 때부터 클래식 음악과 가깝게 지내도록 할 수 있는 방법은 없을까요?"

"클래식을 가깝게 느끼게 할 수 있는 방법은 자주 음악회에 가서 직접 체험하고 집에서 늘 들을 수 있는 환경을 만드는 것입니다. 클래식 음악은 처음에는 사귀기 힘들지만 한번 친해지면 평생 함께할 좋은 친구랍니다."

모든 장르의 다양한 음악들은 우리의 삶을 풍요롭고 행복하게 합니다. 이를 믿는 조수미는 특히 클래식 음악이 현대인들에게 주는 정서적 유익함에 대해 강조했습니다.

"조수미 씨가 학생들과 직접 만날 수 있는 학교 방문 콘서드를 하는 것은 어떤가요?"

"네, 아주 좋은 의견입니다. 공연 일정이 바빠 당장 시작하기는 힘들지만 틈틈이 학생들을 직접 만나고 싶어요."

비록 짧은 시간이었지만 진솔한 이야기를 나누는 뜻깊은 자리였습니다.

이후, 2006년 양산 청소년 오케스트라 협연, 2009년 부산 아카데미 콘서트(동평초등학교 오케스트라, 부산 교문 오케스트라 협연) 등 조수미는 지방에 있는 교사들과 만나고 청소년들과 함께 연주하는 기회를 만들겠다는 약속을 실천하고 있습니다.

음악으로 행복한 세상을 만들겠다는 조수미의 '아름다운 도전'은 아직 끝나지 않았습니다.

"항상 꿈과 희망을 품고 현재에 최선을 다하세요. 어린이 여러분이 꿈꾸는 세계는 항상 여러분의 마음속에 있고, 그 세계는 자신이 만들어 가는 것이니까요."

♪♩♬ 나오는 글 2

세계가 주목하는 조수미 ♬

1994년 9월 조수미의 칠레 공연에서 에두아르도 프라이 칠레 대통령은 "한국의 경제 발전은 잘 알려져 있다. 하지만 이렇게 한 개인의 음악을 통해 국가의 이름을 떨칠 수 있다는 것은 더욱 놀랄 일이다. 오늘처럼 한국이라는 나라가 대단하게 보인 적이 없었다."라고 말했습니다. 조수미는 그해 칠레에서 '1994년 최고 예술가상'을 받았습니다.

조수미는 밝고 투명한 음색의 금세기 최고 콜로라투라로 평가받고 있습니다. 또한 마리아 칼라스와 데임 서덜랜드의 뒤를 잇는 이 시대 최고의 벨칸토 소프라노로 인정받고 있습니다. 성악의 본고장 유럽은 물론 전 세계의 모든 오페라 극장에서 조수미는 최고의 갈채를 받았습니다.

「시카고 트리뷴」지는 "우리가 몰랐던 세상의 마법에 걸린 창조물이 아닐까? 그녀의 음색과 음조는 눈이 부시도록 화려하여 은종이 울리는 듯한 명쾌함과 정확성 모두를 가지고 있다." 라고 했으며, 「오페라 뉴스」는 "진귀한 한 마리의 작은 새…… 조수미는 음악적으로 정밀함을 요구하는 모차르트의 콜로라투라 곡들을 신기에 가까울 정도로 편안하게 잘 부른다. 기술적으로 그녀의 노래는 비평을 넘어선다."라고 극찬을 했습니다.

2003년 조수미가 오스트레일리아 공연을 할 때는 "조수미, 서덜랜드에 도전하다. 반드시 감상해야 할 걸작!"(「시드니 모닝 헤럴드」)를 비롯해 "완벽, 완벽, 완벽"(「오스트랄리안」), 그리고 "조수미의 용감하며 아름다운 루치아"(「오스트랄리안 파이낸셜 리뷰」) 등 오스트레일리아의 4대 유력일간지는 오스트레일리아 국립 오페라단의 《람메르무어의 루치아》에서 주연을 맡아 열연한 조수미에게 극찬과 뜨거운 환호를 보냈습니다.

2004년 11월 「말레이시아 신문」에서는 말레이시아 필하모닉 오케스트라와 공연하는 조수미에 대하여 "조수미는 끊임없이 부드리운 음색을 자아내며 중간 중간 낮은 음을 감미롭게 내는 등 여러 장르마다 카멜레온과 같이 복합적인 색채를 연출한다. 조수미는 매우 극적인 음악 효과를 내는 동시에 애수 띤 음색을 단순하면서 다양하게 선보인다. 마치 기계 체조 선수가 착지하듯

정확하면서 깔끔하게 음을 낮추는 등 정교한 예술적 기법을 보여 준다."고 평가했습니다.

「뉴욕타임즈」는 2005년 7월 11일자에서 "조수미는 《몽유병 여인》에서 벨리니의 격렬한 원곡을 아름답게 소화하면서 열연했다."고 극찬했습니다.

조수미에 대한 찬사는 신문뿐만 아니라 함께 공연을 했던 사람들의 입을 통해서도 많이 알려졌습니다.

"조수미의 목소리는 신이 주신 최고의 선물이다. 그의 목소리는 100년에 한 번 나올까 말까 한 목소리다. 이는 조수미 자신에게는 물론 인류의 소중한 자산이다."

– 헤르베르트 폰 카라얀

"금세기 최고의 리릭 콜로라투라 소프라노 조수미와 함께 무대에 오르는 것은 그 무엇보다도 기쁜 일이다."

– 주빈 메타

"정통 벨칸토 창법의 소프라노 조수미의 음악 세계에는 항상 영혼이 깃들어 있다."

– 로린 마젤

"내가 만난 《마술피리》의 '밤의 여왕' 중 최고의 기량을 가진 소프라노는 조수미다."

- 게오르그 솔티 경

"내가 오페라 《가면 무도회》를 통해 만난 오스카 중 최고 역량의 소프라노는 조수미다."

- 플라시도 도밍고

조수미는 한국인임을 자랑스럽게 만든 인물 1위로 선정되기도 했으며, 가장 좋아하는 문화예술인 1위로 선정되기도 했습니다. 대한민국의 온 국민은 조수미가 언제까지나 세계를 누비면서 아름다운 목소리로 노래 부를 수 있기를 기대하고 있습니다.

그리고 많은 음악 전문가들도 조수미가 지금보다 더 활발한 음악 활동을 하면서 많은 사람들에게 행복을 전해줄 것이라고 예상합니다. 오스트레일리아의 음악 평론가 보이드는 "조수미를 능가하는 소프라노가 누가 있을까를 생각해 보면, 역시 조수미밖에 없다는 답이 나온다. 아마도 10년 뒤의 조수미는 연륜에서 뿜어져 나오는 더 깊은 통찰력으로 새로운 경지의 루치아 역을 선보일 수 있을 것이다."라고 조수미의 미래를 전망했습니다.

새우와 고래가 함께 숨쉬는 바다

지은이 | 조수미
엮은이 | 김경우
그린이 | 박지영

펴낸이 | 전형배
펴낸곳 | 도서출판 창해
출판등록 | 제9-281호(1993년 11월 17일)

초판 1쇄 인쇄 | 2010년 5월 14일
초판 1쇄 발행 | 2010년 5월 20일

주소 | 121-846 서울시 마포구 성산1동 226-4 창해빌딩 2층
전화 | 070-7165-7500(代)
팩시밀리 | (02) 322-3333
홈페이지 | www.changhae.net
E-mail | chpco@chol.com
＊chpco는 Changhae Publishing Co.를 뜻합니다.

ISBN 978-89-7919-941-3 13670

값 · 12,000원

이 도서의 국립중앙도서관 출판시도서목록(CIP)은
e-CIP 홈페이지(http://www.nl.go.kr/ecip)에서 이용하실 수 있습니다.
(CIP제어번호: CIP2010001776)